Organize 'n Style
Isabella räumt auf!

INHALTSVERZEICHNIS

Vorwort — 10
„Ich pack's halt einfach an" — 12

BASICS — 16
Ordnung macht glücklich — 18
Decorganizing® — 21
Das Grundprinzip: R.O.B. — 22
Strategien für effektives Ausmisten — 23
Wohin damit? — 28
Der innere Schweinehund — 32
Sinnvoll Stauraum schaffen — 34
Alles vorbereitet? — 36

KATEGORIEN — 38

KLEIDUNG — 38
Bügel & Box — 40

SCHUHE & ACCESSOIRES — 48
Die schicken Extras — 50

Homestory - Nicht ohne unsere Freunde — 54

LEBENSMITTEL — 58
Von Ananas bis Zimt — 60

KOSMETIKA & KÖRPERPFLEGE — 66
Saubere Sache — 68

PAPIERKRAM & HOMEOFFICE — 70
Blatt für Blatt — 72

TECHNIK — 76
Kein Kabelsalat — 78

Homestory - Industrial meets Landhaus — 80

BÜCHER & ANDERE MEDIEN — 82
Seitenweise — 84

SPIELZEUG — 88
Komm spielen! — 90

Homestory - Mix aus Alt & Neu — 94

HOBBY & BASTELN — 98
Selber machen — 100

OUTDOOR- & GARTENZUBEHÖR — 104
Ab nach draußen — 106

Homestory - Alle in einem Boot — 112

ERINNERUNGEN & SOUVENIRS — 116
Weißt du noch? — 118

SCHWIERIGE ECKEN — 122
Abrakadabra! — 124

Homestory - Lässiges Leben — 126

HÜBSCH & NÜTZLICH — 128
Bemalte Aufbewahrungsgläser für Hundeleckerlis — 130
Spielzeugkiste auf Rollen — 131
Selbstgemachte Schubladeneinsätze — 132
Ladekabelstation mit Kopfhörerhalter — 133

DAMIT ES SO BLEIBT — 136
Dos & Don'ts — 138
Hilfreiche Gewohnheiten & Routinen — 140
Help me! — 146
Checklisten — 148

ISABELLAS ABC — 150
Isabellas ABC — 152
Isabellas Akademie der Ordnung — 156

MAKING OF — 158

Impressum — 172

Ihr Lieben,

ich weiß, ich sehe nicht aus wie eine typische Ordnungsfee. Tätowiert, mit bunten Haaren und oft mit einer relativ großen Klappe. Aber genau die Ordnung ist es, die mich in meinem wilden Leben schon immer begleitet. Egal, ob frisch nach dem Abitur in einer zusammengewürfelten Studentenbude oder mit Mitte 20 an einem verkaterten Morgen in Hollywood: Ordnung ist meine Konstante. Sie gibt mir Beständigkeit in einer sonst recht chaotischen Welt. Und wenn man erstmal in den Genuss von Ordnung und Routinen kommt, will man sie nicht mehr missen.

Deshalb ist es mir auch so ein großes Anliegen, mein gesammeltes Wissen aus dem letzten Jahrzehnt mit allen zu teilen. Ob in Form einer perfekt geordneten Gewürzschublade, gelabelt und alphabetisch sortiert, oder als effiziente Arbeitsroutine, um trotz Kinder und „Viel zu tun" nichts zu vergessen und vor allem sich selbst nicht aufzugeben.

Goodbye, Chaos! Verabschiede dich als Erstes von dem Gedanken: „Ich werde es nie schaffen, hier Ordnung reinzubringen." Denn Ordnung zu schaffen und zu halten, ist leicht zu erlernen und kann sogar Spaß machen. Und selbst unseren Kindern können wir es schon früh beibringen! Ein geordnetes Zuhause hilft uns, Nerven, Zeit und Geld zu sparen – es bringt mehr Ruhe und Balance in unser Leben. Auch du kannst in dein Zuhause langfristig eine schöne und vor allem stylische Ordnung reinbringen. Denn Ordnung muss nicht steril und kahl sein, sondern es darf bunt und kontrastreich werden, ein Mix aus verschiedensten Materialien und Formen, mit zauberhaften Details und dem gewissen Wow-Effekt.

Ich wünsche dir viel Spaß bei deiner ganz persönlichen Ordnungsreise!

Deine *Isabella*

„ICH PACK'S HALT EINFACH AN"

ISABELLA IST (NICHT NUR) DIE ORDNUNGSQUEEN

Aussortieren, kategorisieren, dekantieren, vertikal falten. Isabella Franke hebt Ordnung auf ein ganz neues Level. Bei ihr verschwinden nicht nur dreckige Socken aus dem Kinderzimmer und längst abgelaufene Lebensmittel aus der Küche. Nein, wenn Isabella aufräumt, krempelt sie Schubladen, Schränke und ganze Räume komplett um. Und auf einmal ist alles logisch, übersichtlich, griffbereit – und auch noch richtig schick. In den USA hat Isabella den Beruf des **Professional Organizers** von der Pike auf gelernt und sich mit The Home Habit selbstständig gemacht. Aber wer ist die Person mit der Leidenschaft für ein bestens sortiertes Zuhause eigentlich?

Ordentlich? Unbedingt. Spießig? Niemals. Nicht nur Isabellas Haare leuchten, ihre ganze Persönlichkeit schillert. Keine Frage, sie lebt ein ganz schön aufregendes Leben. In Berlin wohnt die Ordnungsexpertin mit Partner, Kindern und Dalmatiner. Unterwegs ist sie aber in ganz Deutschland, um bei Otto Normalverbrauchern genauso Ordnung zu schaffen wie bei berühmten Persönlichkeiten. Sie jongliert mit **unterschiedlichen Geschäftsideen** und hat immer wieder neue Geistesblitze: Ihre Sendung Organize 'n Style ist genauso erfolgreich wie ihr Podcast Einmal Ordnung, bitte. The Home Habit verbindet den Premium-Ordnungsservice mit einem Online-Shop und die *Akademie der Ordnung* (s. S. 158) bildet angehende Aufräum-Expertinnen und -Experten aus. Welches ist ihr liebster Job? Sich zu entscheiden, fällt Isabella schwer. „Ich finde die *Akademie der Ordnung* extrem spannend. Es ist so schön, den Teilnehmerinnen Hilfe zur Selbstständigkeit zu geben. Ohne großes Startkapital, ohne großen Aufwand können sie loslegen und sich ein eigenes Business aufbauen. Und zwar eines, das sie genau an ihre Möglichkeiten und Vorstellungen anpassen können."

Selber aufräumen und Ordnung schaffen ist allerdings ihre ganz große Leidenschaft. Mittlerweile hat *The Home Habit* Teams in Köln, Hamburg/Hannover und München, in Frankfurt und Berlin. „Das Schönste an meinem Job ist, dass wir morgens vor dem Chaos stehen und abends den Wow-Effekt und die glücklichen Menschen sehen", erzählt die Ordnungshüterin und lacht: „Und das, was ich am wenigsten mag, ist der Staub. Aber der fliegt leider immer auf, wenn man gründlich aufräumt."

Wie aufgeräumt ist ein Orga-Profi eigentlich zu Hause, könnte man sich fragen. Bei Isabellas Fahrplan wäre es nicht verwunderlich, wenn sie in den eigenen vier Wänden vor lauter Zeitdruck auch mal ein wenig Chaos hinterlässt. „Das passiert, ich bin ja nicht perfekt", lacht Isabella. „Aber im Großen und Ganzen finde ich es einfach, Ordnung zu halten. Das war schon so, als ich noch ein Kind war. Ich habe auch mein Zimmer immer wieder umgestellt und alles optimiert", erklärt sie. „Ich habe mir zum Beispiel mal an der Werkbank meines Opas ein CD-Regal aus Holz selbst gebaut, weil ich keines fand, das die passenden Maße hatte." Auch in ihren aufregenden Jahren in Los Angeles war ein aufgeräumtes Zuhause eine wichtige Konstante, denn: **„Die äußere Ordnung beeinflusst auch die innere Ordnung.** Ist um dich herum alles an seinem Platz, erdet dich das."

Auch in ihrem Berliner Haus ist alles durchstrukturiert und sortiert – „bis auf den Hauswirtschaftsraum. Das ist so eine Dauerbaustelle." Ihr Partner und die Kinder ziehen praktischerweise klaglos mit. Die Spielsachen ihrer Tochter beispielsweise hat Isabella in beschrifteten Boxen untergebracht – so ist es kinderleicht, am Abend Puppen, Lego und Co. wieder zu verstauen. Einige **Routinen erleichtern der Familie den Alltag**. Wie zum Beispiel die Magnettafel am Kühlschrank: Auf diesem Wochenplan sind sämtliche Termine notiert und auf einen Blick für jeden ersichtlich. Außerdem liebt die Ordnungshüterin die Paper Station: ein Korb, in dem die gesamte Post landet, die anschließend einmal in der Woche sortiert und bearbeitet wird. So wird alles garantiert innerhalb weniger Tage erledigt und abgeheftet.

Und der Weg zu diesem Ordnungsimperium? Der war gar nicht so aufgeräumt und geradlinig, wie man bei dieser durchstrukturierten Frau meinen könnte. Ihre Heimat, die Pfalz, verließ Isabella für die Uni. „Eigentlich wollte ich ja Innenarchitektur studieren, aber mir hat der Numerus Clausus einen Strich durch die Rechnung gemacht", erinnert sie sich. Da wurde es dann eben Medienmanagement. Mindestens so spannend wie die Vorlesungen war eine Bekanntschaft, die Isabella in dieser Zeit machte: Sie traf einen amerikanischen Schauspieler, der gerade für einen Dreh in der Stadt war. Aus einem ersten Date wurde eine Fernbeziehung. Eine ganze Weile pendelte Isabella zwischen Berlin und **Los Angeles**, bis sie irgendwann ihre Koffer packte und mit ihrem Hund nach Kalifornien zog. „Eigentlich war das Ganze nur als Testlauf geplant. Stattdessen bin ich dann aber dortgeblieben – für die nächsten zehn Jahre." Eine aufregende Zeit, in der Isabella so einiges erlebte. Sie heiratete, arbeitete als Producerin, lief mit Brad Pitt und Diane Kruger über den roten Teppich und tanzte auf Quentin Tarantinos Partys. Sie trennte sich wieder, gründete eine Band und nahm ein Album auf. „Nirvana, die Foo Fighters und The Kills waren unsere Vorbilder", erinnert sich Isabella und lacht: „Alternative Rock ist immer noch genau mein Ding." Mittlerweile singt sie allerdings nicht mehr, sondern lernt stattdessen Schlagzeug.

Neben all diesen aufregenden Erlebnissen in der Welt des Glamours und der Stars nutzte Isabella die Zeit in Los Angeles, um ihre zweite Leidenschaft zu verfolgen: **Interior Design**. In diversen Kursen bildete sie sich weiter, gründete 2011 The Home Habit und richtete Kunden schicke Häuser ein. „Ich habe mich allerdings immer in den Details verloren. In der Küche habe ich eher darauf geachtet, wie sich die Schubladen organisieren lassen, als das große Ganze im Blick zu haben." Bis sie – vollkommen zufällig – auf den Beruf des Professional Organizers stieß. In den USA seit Jahrzehnten gang und gäbe, für Isabella eine Offenbarung: „Mir war sofort klar, das ist genau mein Ding." Eine entsprechende Ausbildung machte sie zur Fachfrau fürs Aufräumen und Organisieren.

Nach zehn Jahren kehrte Isabella Los Angeles den Rücken und zog zurück nach **Berlin**. Mittlerweile hatte sie eine kleine Tochter, war alleinerziehend und hoch motiviert, in Deutschland als Professional Organizer durchzustarten. „Während es in den USA diese Profis wie Sand am Meer gibt, war ich hier eine Exotin", erzählt Isabella. Also nutzte sie ihre Skills in Sachen Medienmanagement und rührte auf Instagram die Werbetrommel für ihr Business. Außerdem schrieb sie Prominente an, um ihre Aufräum-Dienste anzubieten. Kurz darauf schlug ihr ein Hersteller von Wohnaccessoires und Ordnungshelfern eine Kooperation vor. „Auf einmal ging es Schlag auf Schlag." Die quirlige Geschäftsfrau war als **Organizerin** im Business angekommen. Zu ihren Kunden zählen vor allem Familien, die im Spagat zwischen Jobs und Kindern einfach keine Zeit haben, um ihr Zuhause perfekt zu organisieren. Auch Promis buchen Isabellas Unterstützung, wenn es darum geht, Ankleidezimmer und Wohnraum auf Vordermann zu bringen. „Dann hatte ich irgendwann die Idee für Organize 'n Style und habe eine Produktionsfirma und einen Sender dafür gefunden. Und hier bin ich jetzt", fasst Isabella ihre Geschichte zusammen. Für den Moment – denn längst schmiedet sie schon wieder neue Pläne.

BASICS

Das Genie beherrscht das Chaos? Klingt eigentlich nach einer faulen Ausrede. Wer kreativ denkt und arbeitet, kann die Gedanken viel freier fliegen lassen, wenn keine Bücherstapel oder Aktenordner im Weg stehen. Man muss allerdings nicht unbedingt genial oder besonders kreativ sein, um sich vor dem Aufräumen zu drücken. Der Gedanke daran, Dinge hervorzukramen, auszusortieren, zu entsorgen und die Reste wieder einzuräumen, erfüllt die meisten Menschen mit Grauen. Eigentlich macht man sich doch nur daran, den Kühlschrank neu zu sortieren oder sämtliche Socken hübsch zu ordnen, wenn man sich vor noch unangenehmeren Aufgaben drückt. Wie schade. Denn wer sich einen Ruck gibt und systematisch aufräumt, merkt, dass ein ordentliches Zuhause glücklich macht.

ORDNUNG MACHT GLÜCKLICH

EINFACH ENTSPANNTER WOHNEN

Herrscht um dich herum Chaos, sorgt das auch für Chaos in deinem Inneren. Ob die Stapel frisch gewaschener Wäsche, die darauf warten, in den Schränken zu verschwinden, oder die Zettelhaufen auf deinem Schreibtisch: **Unordnung verursacht Stress**. Denn sie erinnert dich ununterbrochen daran, was noch zu tun ist. Der überquellende Kleiderschrank, die unausgepackten Umzugskartons, der Stapel mit unbezahlten Rechnungen und Steuerunterlagen – sie alle sind mahnende Zeigefinger. Das gilt übrigens nicht nur für die Problemzönchen, die immer im Blickfeld sind, sondern auch für die versteckten. Das Chaos im Keller oder das Gerümpel auf dem Boden siehst du nicht täglich. Du weißt aber, dass es da ist und dass du dich irgendwann darum kümmern musst. Und das stresst. Stell dir vor, die Altkleidersäcke wären nicht nur gefüllt, sondern auch zur Sammelstation gebracht.

Die Kartons geleert und der Inhalt verstaut. Die Rechnungen bezahlt und alle Dokumente abgeheftet. Und schon macht sich in dir eine wohlige Ruhe breit. Beim Blick in die aufgeräumte Umgebung kannst du dich entspannt zurücklehnen, denn bei dir ist alles in Ordnung.

Suchen kostet Zeit. Wie viele kostbare Minuten man auf die Suche nach dem Ladekabel, den Lieblingssocken oder dem Infozettel aus der Schule verschwendet, ist schon erschreckend. Haben alle Dinge ihre festen Plätze und wandern sie jedes Mal nach der Benutzung auch wieder dorthin zurück, hat die Sucherei ein Ende. Sind sämtliche Kisten, Boxen und Schubladen mit schicken Etiketten versehen, geht das Finden noch schneller. Jedes Familienmitglied weiß genau, wo Radiergummi und Nagelschere, Luftpumpe und Fernbedienung zu finden sind. Und legt sie auch wieder dorthin zurück. Wie viel schneller alles läuft! Wer jetzt noch trödelt, hat selber Schuld.

„Immer fliegen deine dreckigen Socken durchs Badezimmer!", ist nur einer von vielen Vorwürfen. Der eine räumt nie das Werkzeug weg, während die andere ihre Zeitschriften überall in der Wohnung verteilt. Mit den Kindern gibt es Streit, weil man vor lauter Bauklötzen auf dem Boden das Zimmer nicht mehr betreten kann. **Unordnung sorgt für Unfrieden**. Ein gut durchdachtes Ordnungssystem dagegen hilft dir, wesentlich entspannter und friedlicher mit deiner Familie zu leben. Weil jetzt jeder genau weiß, wo was hingehört, ist das Aufräumen ein Klacks. Und niemand muss mehr meckern oder streiten.

Chaos bremst beim Arbeiten. Stapeln sich rechts und links von der Tastatur die Bücher, Zeitschriften, Dokumente und Notizen, kannst du dich nicht auf deine eigentliche Aufgabe, deinen Job, konzentrieren. Erstens fehlt dir Platz, um deine Arbeitsunterlagen auf dem Schreibtisch auszubreiten. Du schiebst und stapelst – und gerätst in Stress. Zweitens lenkt dich dein Durcheinander ab. Du entdeckst eine Rechnung, die noch schnell bezahlt werden muss, oder einen Zettel, den dein Kind gestern der Lehrerin hätte geben sollen. Und während du mal eben Online-Banking erledigst oder eine Mail an die Lehrerin schreibst, bleibt deine eigentliche Arbeit liegen. Drittens kannst du wesentlich klarer und effektiver denken und arbeiten, wenn der Schreibtisch ordentlich und aufgeräumt ist. Ist die Umgebung klar strukturiert, sind es auch deine Gedanken.

Unordnung kostet Geld. Das gilt vor allem in der Küche. Wenn die Vorratsschränke überquellen und alle Lebensmittel unsortiert in Schubladen und Schrankfächer gestopft sind, verliert man leicht den Überblick. War da hinten noch eine Dose Erbsen? Egal, schnell greift man zu der ganz vorne. Um an die hintersten Packungen zu kommen, müsste man etliche andere herausräumen. Und ob dahinten überhaupt noch eine Flasche mit passierten Tomaten steht, ist eh nicht ganz sicher. Nach und nach rutschen diverse Lebensmittel in die hintersten Ecken – und werden dort vergessen. Leider ist nicht alles begrenzt haltbar und muss entsorgt werden, bevor es gegessen werden konnte. Noch größer ist dieses Problem im Kühlschrank, denn die hier gelagerten Lebensmittel verderben wesentlich schneller. Wer allerdings ein gutes Ordnungssystem hat, wer seine Dosen, Flaschen und Tüten so lagert, dass er den Überblick hat, sobald er die Schublade oder Schranktür öffnet, kann immer die Lebensmittel verbrauchen, deren Haltbarkeitsdatum näher rückt, und muss nichts wegwerfen. Diese Ordnung ist nicht nur nachhaltig, sie spart auch jede Menge Geld.

Das gilt natürlich auch für andere Bereiche der Wohnung. Manche Gegenstände gehen in Regalen, Schränken und Kartons verloren, sind nicht mehr auffindbar und müssen ein zweites Mal gekauft werden. Oder aber es gilt: Aus den Augen, aus dem Sinn. Man kauft etwas neu und merkt erst beim nächsten großen Aufräumen, dass man den Zwilling längst zu Hause hatte.

Kurz bevor der Besuch kommt, flitzt du noch einmal durch das Wohnzimmer, um die Bügelwäsche vom Sessel zu schubsen und die Turnschuhe unters Sofa zu kicken? Damit bist du nicht allein. **Unordnung bremst soziale Kontakte**. Die meisten Menschen geraten in Stress, bevor Gäste kommen. Und manche werden beim Gedanken an Spontanbesucher nervös, denn sie finden ihre Wohnung gerade nicht vorzeigbar. Ein gutes Ordnungssystem dagegen sorgt dafür, dass du beim Klingeln an der Tür nicht zusammenzuckst und Gäste jederzeit willkommen sind. Natürlich musst du hier nicht übertreiben. Aber ist alles aufgeräumt, begrüßt du liebe Menschen jederzeit ganz entspannt.

DECORGANIZING®

WENN'S SCHÖN WERDEN SOLL

Dec-o-was? Ganz einfach: Hier verschmelzen Decorating und Organizing zu einem Wort. Dekorieren trifft auf Organisieren. Isabella hat diesen Begriff kreiert, weil sie findet: Wenn du schon aufräumst und dein Zuhause organisierst, dann darf es auch **richtig hübsch** werden. Natürlich, es ist unglaublich praktisch, wenn alles funktional ist. Wenn alle Dinge einen festen Platz haben, der Stauraum mehr als ausreichend ist und du nichts mehr suchen musst. Du schaffst aber auch Ordnung, weil es aufgeräumt einfach ästhetischer aussieht.

Bei der Auswahl der Möbel und Wohnaccessoires spielt nicht nur die Funktionalität eine Rolle. Das Material, die Farben, die Form – sie alle sind mindestens genauso wichtig, wenn es darum geht, wer zu Hause einziehen darf. Ob Industrial-Style oder Landhaus-Stil, ob klassisch oder modern, ob Vintage oder Japandi: Der **Wohnstil** spiegelt die eigene Persönlichkeit wider. Du umgibst dich mit Möbeln, Lampen und anderen Dingen, die zu dir und deinem Stil passen. Warum sollte das mit Ordnungshelfern anders sein?

Du kannst deine Unterlagen selbstverständlich in einem Sammelsurium unterschiedlichster alter Ordner abheften. Einheitlicher und hübscher aber sieht es aus, wenn du eine Reihe identischer, schicker Exemplare im Regal stehen hast. Körbe, Stehsammler und Boxen – sie alle sollten unbedingt zu deiner Einrichtung passen. Nutze sie als schöne **Deko-Elemente**, nicht nur als Helferlein. Glücklicherweise gibt es all diese Ordnungsutensilien in unterschiedlichsten Materialien, Formen und Farben – so findest du genau die Exemplare, die deinen Wohnstil unterstreichen. Decorganizing® hört allerdings nicht bei der Wahl des Zubehörs auf. Schicke Labels und schöne Beschriftungen hübschen dein Zuhause genauso auf wie adrett gefaltete Kleidung oder nach Farben sortierte Bücher.

Decorganizing® bringt nicht nur Style in deine Ordnung. Es sorgt auch dafür, dass das Aufräumen wesentlich mehr **Spaß** macht. Schließlich freust du dich jedes Mal über den coolen Korb oder das hübsche Glas, wenn du Dinge an ihren Platz zurücklegst. Und sieht alles richtig schön aus, ist auch der Anreiz noch größer, dass die neue Ordnung für immer Bestandteil deines Zuhauses bleibt.

DAS GRUNDPRINZIP: R.O.B.

FÜR IMMER ORDENTLICH...

Natürlich kannst du in deinen vier Wänden auch einfach oberflächlich aufräumen. Du kannst Zeugs in schon volle Schränke stopfen und unterschiedlichste Dinge in Schubladen werfen, in denen bereits etliche andere unterschiedlichste Dinge lagern. Das ist allerdings weder befriedigend noch sinnvoll, geschweige denn von Dauer. Um ein **durchdachtes Ordnungssystem** in deinem Zuhause zu etablieren, solltest du unbedingt strategischer vorgehen. Spontane oder willkürliche Aufräumaktionen bringen eher wenig. Der erste Schritt ist immer das Entrümpeln, denn nur, wenn du dich von überflüssigen Sachen trennst, hast du genug Stauraum für all die Dinge, die wichtig sind. Anschließend findest du den optimalen Platz für jeden einzelnen Gegenstand – an den dieser dann nach der Benutzung auch immer wieder zurückkehrt. Damit es schön bleibt, musst du am Ball bleiben!

... GANZ EINFACH MIT R.O.B.

Eine sehr hilfreiche Methode für ein dauerhaft aufgeräumtes Leben heißt R.O.B. = Reduzieren. Optimieren. Beibehalten. Und so funktioniert es:

1. Reduzieren. Geh dem Chaos an den Kragen. Erst, wenn du dich von überflüssigem Ballast befreit hast, erst, wenn du gründlich ausgemistet hast, schaffst du Ordnung. Und zwar ausschließlich mit den Dingen, die du brauchst und liebst.

2. Optimieren. Wo müssen Dinge einen Platz finden, damit sie für dich greifbar sind, wenn du sie brauchst? Und wie kannst du sie so unterbringen, dass alles schön ordentlich ist? Nutze den Raum, der dir zur Verfügung steht, so gut wie möglich. Optimiere ihn, wo es geht – zum Beispiel durch zusätzliche Einlegeböden. Denke auch in der Vertikalen und schaffe Aufbewahrungsmöglichkeiten an den Wänden und den Innenseiten der Türen.

3. Beibehalten. Hast du ein gutes, für dich und deine Familie passendes System etabliert, dann behalte es bei. Das funktioniert, indem du die Schritte 1 und 2 regelmäßig wiederholst. Denn so kannst du all die neuen Dinge verstauen, die in Zukunft untergebracht werden müssen. Mache das Ausmisten also zu einer regelmäßigen Routine. Am besten trägst du dir feste Termine in den Kalender ein, an denen du einzelne Bereiche deines Zuhauses systematisch ausmistest (s. S. 145).

STRATEGIEN FÜR EFFEKTIVES AUSMISTEN

RAUS DAMIT!

Die Werbung ist verlockend, die Technik ständig auf einem noch neueren Stand, das It-Piece der Saison fehlt unbedingt im Kleiderschrank … und schon trudeln neue Dinge ein. Egal, ob Deko, Kleidung, Sportzubehör oder Küchenutensilien: Es häuft sich einfach zu viel an. Die Freude über all die schönen **Neuanschaffungen** ist groß, der Platz allerdings oft begrenzt. Wer dauerhaft Ordnung halten möchte, darf deshalb nur so viel besitzen, wie er problemlos – ohne zu quetschen und zu stopfen – unterbringen kann. In einer Ein-Zimmer-Wohnung ist natürlich weitaus weniger Raum als in einem zweistöckigen Haus, aber mit einem cleveren Stauraum-System finden auch hier alle Notwendigkeiten ein Plätzchen.

Oft ist einem überhaupt nicht bewusst, **wie viele Dinge** man eigentlich besitzt. Ob im Kleiderschrank (zehn dunkelblaue T-Shirts), im Bad (20 Lippenstifte) oder im Keller (fünf Schraubenschlüssel-Sets), im Laufe der Zeit sammelt sich viel an, von dem man etliches guten Gewissens wieder weggeben kann. Minimalismus ist Trend. Das heißt natürlich nicht, dass man sich nur noch mit den absolut notwendigen Basics umgeben darf. Aber dennoch sind die meisten Menschen überrascht, dass es ihnen besser geht, wenn sie weniger besitzen. Mit **weniger Ballast** lebt es sich leichter.

Eine gründliche Entrümpelungsaktion hat einige **Vorteile** – vor allem, wenn du im Anschluss auch ein wenig auf deinen Konsum

achtest und gut abwägst, wenn du dir etwas Neues anschaffen möchtest.

- Du fühlst dich **leichter und befreiter**, wenn du Ballast abwirfst. Übervolle Schränke und Schubladen, Kartons in Rumpelkammern und hintersten Ecken drücken auf das Gemüt. Es tut gut, nutzlosen und überflüssigen Kram gehen zu lassen.
- Wer weniger besitzt, muss auch **weniger aufräumen**, sauber halten und sich um weniger kümmern. So bleibt mehr Zeit für die schönen Dinge des Lebens.
- Stell dir vor, wie viel **mehr Platz** du für die Dinge hast, die dir wirklich wichtig sind – oder auch für dich selbst. Vielleicht ist sogar genug Raum, um die Möbel so luftig zu stellen, wie du es dir schon lange wünschst.

Gewöhnst du dich daran, dich mit weniger Dingen zu umgeben, **sparst du jede Menge**

Geld. Schließlich landen viele Produkte gar nicht erst in deinem Einkaufswagen.

Doch es ist nicht immer leicht, sich von Hab und Gut zu trennen – manche Dinge bedeuten einem wesentlich mehr als andere. An vielen **funktionalen Gegenständen**, wie etwa an Werkzeugen, Kochutensilien oder Sportzubehör, hängen nur wenige Emotionen. Hier kommt es vor allem darauf an, wie oft oder wie intensiv man sie nutzt. Anders ist es bei **emotional besetzten Dingen.** Kinderbasteleien, Souvenirs, Fotos ... sie alle stecken voller Erinnerungen und Gefühle. Sich von diesen Dingen zu trennen, ist oft wesentlich schwieriger.

Es gibt Ordnungscoaches, die dafür plädieren, dass nur das bleiben darf, was einen glücklich macht. Alles, was einem ein gutes Gefühl beschert oder was sogar Glücksgefühle hervorruft, findet dauerhaft einen Platz. Alles andere muss gehen. Es ist allerdings nicht immer so leicht zu erkennen, ob ein Gegenstand ein Kribbeln im Bauch hervorruft. Macht dich der Staubsauger glücklich? Vielleicht nicht unbedingt, weil du Saubermachen einfach nicht magst. Aber dennoch brauchst du ihn. Deshalb sind die folgenden Fragen vielleicht hilfreicher, wenn es darum geht, solche Entscheidungen zu treffen.

1. Ist der Gegenstand nützlich? Alles, was für irgendetwas gebraucht werden kann, hat grundsätzlich erst einmal Bleiberecht. Und zwar für immer, falls du die nächste Frage mit „Ja" beantwortest.

2. Brauchst du den Gegenstand regelmäßig? Natürlich sollst du nichts weggeben, was du immer benutzt oder was vielleicht sogar elementar wichtig ist. Kommt das Ding aber nur sehr selten oder überhaupt nicht zum Einsatz, setzt es gar in deinem Keller Staub an, kann jemand anders vermutlich mehr damit anfangen. Magst du es dennoch nicht weggeben, stell dir die nächste Frage.

3. Hängen schöne Erinnerungen an diesem Gegenstand? Leider kannst du nicht alles aufbewahren, was dich an besondere Momente in deinem Leben erinnert. Das brauchst du aber auch nicht. Die meisten davon hast du in deinem Kopf verinnerlicht. Bewahre nur die wirklich wichtigen Erinnerungsstücke auf. Alle anderen sind doch eigentlich nur Staubfänger, oder? Wenn du noch immer schwankst, beantworte die nächste Frage.

4. Hast du den Platz, um diesen Gegenstand aufzubewahren? Wenn ja, dann nimm ihn in die Sammlung der besonderen Erinnerungsstücke auf und dekoriere ihn hübsch (s. S. 118). Falls kein Platz vorhanden ist, hilft dir vielleicht ein Foto über den Trennungsschmerz hinweg.

INDIVIDUELLE BEDÜRFNISSE

*Es gibt **keine festen Regeln** dafür, wie viele Exemplare man grundsätzlich von etwas braucht. Du bekommst gerne und viel Besuch? Dann ist ein großer Vorrat an Gläsern, Tellern und Besteck wichtig für dich. Du sammelst Taschen? Natürlich musst du dich nicht von allen trennen. Nur von denen, von denen dir der Abschied leichtfällt. Solange die Gegenstände eine Berechtigung haben und du sie problemlos verstauen kannst, behältst du sie natürlich.*

Mit diesen Fragen im Hinterkopf geht es jetzt daran, gründlich auszumisten. Hier sind einige gut erprobte **Methoden** dafür:

TEMPO, TEMPO!

Aller Anfang ist schwer. Fällt es dir nicht leicht, dich von Dingen zu trennen, taste dich am besten erst einmal an das Thema heran. Mit ein wenig Übung wirst auch du irgendwann, ohne mit der Wimper zu zucken, Gegenstände weggeben können. Diese Methode ist ein guter Einstieg ins Thema, quasi zum Aufwärmen. Alles, was du brauchst, sind ein Müllbeutel und eine Stoppuhr. Und so funktioniert's:

Auf die Plätze, fertig, los! Du hast 5 Minuten Zeit, um zehn Gegenstände zu greifen. Oder schaffst du fünf Dinge in 2 Minuten? 15 Teile in 10 Minuten? Du entscheidest, wie viele Sachen du dir in welcher Zeit schnappen musst. Setze dir ein **Zeitlimit** und eine bestimmte Zahl an Sachen, die innerhalb dieser Zeit in deinem Beutel verschwinden sollen. Dabei kannst du dich auf ein Zimmer konzentrieren oder die gesamte Wohnung durchkämmen. Wichtig ist, dass du spontan zu den Dingen greifst, die du problemlos entsorgen magst. Auf diese Weise verschwindet schon einmal all das Zeug, an dem dein Herz überhaupt nicht hängt.

Du hattest Spaß und könntest noch eine Runde drehen? Dann los. Sofort oder nächste Woche. Du kannst diese Methode auch zur Routine machen und zum Beispiel jeden ersten Samstag im Monat einen Beutel füllen. So haben unwichtige Gegenstände keine Chance, sich dauerhaft bei dir festzusetzen, und du bleibst in der Übung.

AB IN DEN MÜLL!

Auch diese Methode hilft Zaghaften und Unentschlossenen, sich von Überflüssigem zu verabschieden. Denn hier geht es ausschließlich um Dinge, die überhaupt nicht mehr zum Einsatz kommen. Ein Karton oder ein Müllsack steht bereit für alles, was **kaputt, unvollständig oder ungeliebt** ist. Das Radio, an dem der Einschaltknopf klemmt? Weg damit. Die Vase mit dem Sprung und das Kartenspiel, für das sich seit Ewigkeiten kein Kind mehr interessiert? Braucht niemand. Omas Einweckgläser oder die kaputte Luftpumpe? Tschüss. Was nicht mehr zu reparieren ist, landet ohne zu zögern im Müll. Dinge, die andere vielleicht noch gebrauchen könnten, können verschenkt oder verkauft werden. Wichtig ist allerdings, damit nicht zu lange zu warten. Sonst droht die Gefahr, dass man ins Wanken gerät und Gläser und Vase wieder in den Keller räumt. Finger weg!

HALBJAHRES-KISTE

Es ist nicht immer leicht, auf die Schnelle zu entscheiden, wovon man sich dauerhaft trennen kann. Vielleicht kommt die Taucherbrille in diesem Sommer doch noch einmal zum Einsatz? Die Engelsfigur von Oma, der Stapel aussortierter Comics und die gelben Sandalen, die irgendwie zu keinem Outfit passen, auf die du aber doch noch nicht verzichten magst – sie alle verschwinden für die nächsten Monate in einer **Kiste**. Das System dahinter: Alles, was dich schwanken lässt, wandert zunächst in eine Box. Diese bringst du in den Keller oder auf den Dachboden. Irgendwo hin, wo du nicht so einfach Zugriff auf die Dinge hast. Dort bleibt sie jetzt für **ein halbes Jahr.** Am besten schreibst du dir das Datum in den Kalender. Wenn du die Kiste innerhalb dieser sechs Monate nicht angefasst hast, wenn du keinen der Gegenstände gebraucht oder vermisst hast, trennst du dich von ihnen allen. Und zwar am besten, ohne noch mal einen Blick in den Karton zu werfen. Wenn es dir schwerfällt, sie ohne Wenn und Aber wegzugeben, beauftrage jemanden, der die Kiste für dich öffnet und den Inhalt sortiert. Einiges wandert in den Müll, anderes kann bestimmt gespendet oder auch verkauft werden.

EINMAL ALLES RAUS!

Natürlich kann man von Zimmer zu Zimmer wandern und einzelne Dinge aus den Schränken und aus den Regalen ziehen, um sie zu entsorgen. Besonders effektiv ist diese Methode allerdings nicht. Wer all sein Hab und Gut gründlich und nachhaltig durchforsten möchte, muss einen anderen Weg gehen. Erst, wenn man **sämtliche Dinge einer Kategorie** beieinander sieht, hat man den Überblick und kann sicher entscheiden, was bleiben darf und was nicht. Außerdem ist der Anblick eines überraschend großen Kleiderhaufens oder eines riesigen Bücherstapels manchmal förderlich: „Was, so viel Zeugs habe ich?" Diese Frage ist der Startschuss zum Loslassen. Wer zögerlich ist, übt noch ein wenig mit den zuvor genannten Methoden. Alle anderen legen so los:

Beginne mit deiner **Kleidung**. Lege alle, und zwar wirklich alle Hosen auf einen Stapel, alle T-Shirts auf einen anderen, sämtliche Socken auf einen dritten. Leere so deinen gesamten Kleiderschrank, aber auch Wäschekörbe, Garderoben, Kellerschränke und so weiter. Erst, wenn du absolut all deine Kleidungsstücke vor dir liegen hast, kannst du dir wirklich einen Überblick über deinen Besitz verschaffen. Jetzt geht es ans Sortieren. Welche Kleidungsstücke trägst du oft? Welche nur manchmal? Und welche passen dir überhaupt nicht mehr? Alle, die zu groß oder zu klein sind, finden neue Besitzer. Auch die, die völlig aus der Mode gekommen sind und dir nicht mehr gefallen, werden aussortiert. Frage dich, wie viele Paar Socken du wirklich brauchst, und sortiere auf jeden Fall die aus, die zu klein sind oder Löcher haben.

Nach der Kleidung kommen die **Schuhe**. Schau noch mal in den Sporttaschen nach, ob du hier Turnschuhe findest. Bestimmt steht auch das eine oder andere Paar im Flur oder im Keller.
Auf die Schuhe folgen die **Bücher**. Gehörst

du zu denjenigen, die ihre Schmöker nur ein einziges Mal lesen? Dann kannst du dich doch sicherlich von etlichen Exemplaren trennen, oder? Du genießt deinen Lesestoff mehrmals? Dann überlege, welche Gefühle und Erinnerungen Bücher in dir hinterlassen haben. War eines so langweilig oder fremd, dass du dich kaum daran erinnern kannst, es gelesen zu haben? Dann darf jetzt jemand anderes seine Nase hineinstecken. Fehlen Seiten oder ist der Einband stark beschädigt, landen die Bücher ohnehin im Altpapier.

Küchenutensilien und Geschirr, Lebensmittel und Kosmetik, Spiele und Sportutensilien ... **die Liste ist lang**. Nach und nach durchforstest du jeden Bereich. Wichtig ist, dass du immer sämtliche Gegenstände einer Kategorie aus dem gesamten Haus an einer Stelle zusammenträgst und erst dann anfängst, zu sortieren.

Du bist dir bei manchen Dingen nicht sicher? Es fällt dir schwer, dich von ihnen zu lösen? Dann schau, ob am Ende noch Platz für sie ist und du sie behalten kannst. Wenn nicht, wandern sie in die **Halbjahres-Kiste**. Greifst du im kommenden halben Jahr nicht zu, verabschiedest du dich anschließend von ihnen.

VIER-WOCHEN-CHALLENGE

Vier Wochen lang nimmst du dir **täglich eine Kategorie** vor und sortierst innerhalb dieser Gruppe alles aus, was du nicht mehr brauchst oder was kaputt oder unvollständig ist. Wichtig: Du widmest dieser Aufgabe jeden Tag nicht mehr als 20 Minuten. Diese Methode ist perfekt für all diejenigen, die inzwischen leidenschaftlich gerne ausmisten. Sie eignet sich aber auch ausgezeichnet, um eine Routine zu entwickeln. Denn wer immer wieder einen kritischen Blick auf seine Sachen wirft, wohnt schön schlank und wird sich so schnell nicht wieder mit Gegenständen belasten, die er nicht braucht oder wirklich möchte. Es ist also eine gute und nachhaltige Idee, immer wieder diese Liste abzuarbeiten.

Und so geht's: Jede Woche nimmst du ein oder zwei Zimmer unter die Lupe, jeden Tag einen Schrank oder eine Kategorie. So arbeitest du dich langsam durch dein Zuhause. Die folgende Liste ist ein Vorschlag. Natürlich kannst du sie so abändern, wie sie für dein Zuhause am besten passt.

WOCHE 1: KÜCHE

1 Kühlschrank
2 Gefrierschrank
3 Lebensmittel
4 Gewürze
5 Küchenutensilien
6 Besteck
7 Geschirr

WOCHE 2: BAD & SCHLAFZIMMER

1 Körperpflege
2 Kosmetikprodukte
3 Medizinschrank
4 Kleiderschrank-Schubladen
5 Kleiderschrank-Fächer und -Stangen
6 Schmuck und Accessoires
7 Bettwäsche und Handtücher

WOCHE 3: WOHNZIMMER & KINDERZIMMER

1 Bücher
2 DVDs, CDs und Spiele
3 Erinnerungsstücke
4 Fotos
5 Kinderkleidung
6 Spielsachen
7 Bastelsachen

WOCHE 4: FLUR, HAUSWIRTSCHAFTSRAUM, KELLER/GARAGE

1 Garderobe
2 Schuhschrank
3 Sportutensilien
4 Putzmittel
5 Hobbysachen
6 Werkzeuge
7 Outdoor-Zubehör

WOHIN DAMIT?

VERKAUFEN, VERSCHENKEN, WEGWERFEN

Die Sonnenbrille, die dir einfach nicht steht. Die Krimis, deren Täter du längst überführt hast. Die T-Shirts, die den Kids mittlerweile zu klein sind. Sie alle wurden aussortiert, sind aber viel zu schade, um auf dem Müll zu landen. **Wohin mit all den Dingen**, die du nicht mehr brauchst? Manches gehört sicherlich in die Tonne, andere Sachen aber machen anderen Menschen bestimmt noch Freude. Und wo bleibt eigentlich der Elektroschrott? Dieser kleine Guide hilft weiter.

VERKAUFEN

Okay, neu und original verpackt sind wohl die wenigsten Gegenstände, die du ausgemistet hast. Aber etliche Dinge sind noch in einem guten Zustand? Dann überlege, ob du sie verkaufen möchtest. Da gibt es einige Möglichkeiten.

Online verkaufen. Am bekanntesten ist wohl immer noch **eBay.** Hier wird wirklich alles versteigert. Der Verkäufer setzt den Mindestpreis fest und die Käufer überbieten sich gegenseitig. Der höchste Bieter bekommt den Zuschlag.

Wem das Bietverfahren zu risikoreich ist, der verkauft seine Schätze über Online-Plattformen, bei denen nicht geboten wird. Der Verkäufer legt seinen Preis fest und nimmt Angebote entgegen. Über **eBay-Kleinanzeigen** beispielsweise lässt sich, wie bei eBay, fast alles verkaufen. Eine Alternative ist **Vinted.** Hier kannst du Kleidung, Wohnaccessoires und Kosmetika, Kinderspielzeug, Bücher und so weiter einstellen. Beide Plattformen funktionieren wie ein virtueller Flohmarkt, bei dem interessierte Käufer die Verkäufer kontaktieren und mit ihnen verhandeln können. Auch **Quoka** ist wie ein digitales Anzeigenblatt. Dazu gibt es in fast jeder Stadt **Facebook-Gruppen,** die Verkäufer und Interessierte gebrauchter Schätze zusammenbringen. Anders läuft es bei Online-Ankäufern. Diese zahlen Festpreise für gebrauchte Artikel, die der Verkäufer in der Regel kostenlos an den Ankäufer schicken darf. **Momox** beispielsweise kauft Bücher und Kleidung, DVDs etc. auf. Auch **reBuy** nimmt Bücher an, interessiert sich aber zusätzlich für Tablets, Smartphones etc. – genauso wie **Zoxs** und **Wirkaufens.** Gebrauchte Kleidung kannst du bei **Zalando Zircle** direkt an Schnäppchenjägerinnen, aber auch an Zalando selbst verkaufen.

SPENDEN & VERSCHENKEN

Die Preise, die du für manche Sachen erzielen könntest, sind dir zu niedrig? Niemand reagiert auf deine Kleinanzeigen im Internet? Auf dem Flohmarkt bist du nicht alles losgeworden? Oder möchtest du einfach anderen Menschen eine Freude machen? Dann verschenke deine Schätze doch.

Online verschenken. In **Facebook-Gruppen** kannst du deine ausrangierten Dinge genauso verschenken wie über eBay-Kleinanzeigen. Über gebrauchte Kleidung, aber auch Haushaltstextilien und Schuhe freut sich **Packmee.** Du bekommst einen Gutschein für die Partnerunternehmen und deine Schätze werden wiederverwertet. Auch die **Deutsche Kleiderstiftung** nimmt deine Textilien an und unterstützt damit Kleiderkammern und gemeinnützige Organisationen.

Offline verschenken. Wenn du Sachen zu verschenken hast, frage ruhig mal herum – ob **Nachbarn, Verwandte oder Freunde:** Braucht jemand einen Schneeanzug in Größe 128 oder ein Set Schraubenzieher? Vielleicht bekommst du zum Tausch ja einen Blumenstrauß aus dem Garten oder eine Einladung zum Kaffeeklatsch. Ist in deinem Umfeld kein Bedarf, gibt es viele andere Möglichkeiten, gebrauchte Sachen zu verschenken. **Sozialkaufhäuser** gibt es in zahlreichen Städten. Hier bekommt man für sehr wenig oder auch gar kein Geld Dinge, die man für das tägliche Leben braucht. Deine Kleidung, aber auch ungeöffnete Kosmetika, kleinere Haushaltsgeräte, Geschirr, Möbel und etliche andere Dinge sind herzlich willkommen. In manchen großen Städten findest du Filialen von **Oxfam und Humana,** die gespendete Sachen sehr günstig weiterverkaufen und mit dem Erlös soziale Projekte unterstützen. Auch Kirchen und gemeinnützige Organisationen, wie beispielsweise **Caritas,** freuen sich oft über Kleider, Haushaltsgegenstände und Möbel,

Offline verkaufen. Du magst das besondere Flair eines **Flohmarkts?** Dann schnappe dir die Spielsachen, Kleider, Deko-Dinge und Ähnliches und breite deine Schätze für das kunterbunte Publikum aus. In der Regel musst du deinen Stand anmelden und auch eine Miete dafür zahlen. Informationen findest du bei den Veranstaltern. Manche Flohmärkte sind übrigens auf Möbel und Lampen spezialisiert, andere wiederum auf Kleidung oder Kindersachen. Wenn du ausreichend Platz vor dem Haus hast, kannst du auch einen eigenen Flohmarkt auf die Beine stellen und per Flyern und Aushängen ankündigen.

Du kannst deine aussortierten Dinge aber auch in den **Kleinanzeigen** deiner Tageszeitung oder am **Schwarzen Brett** des nächsten Supermarkts anbieten. Über gebrauchte Kleidung freuen sich Secondhand-Läden, Antiquitäten oder schöne alte Wohnaccessoires dagegen kannst du an **Trödler** verkaufen.

die sie dann an Bedürftige weitergeben. Hast du keine Gelegenheit, deine ausrangierten Textilien bei solchen Einrichtungen abzugeben, kannst du sie auch in **Altkleidercontainer** werfen. Kleidung mit großen Löchern oder nicht mehr zu entfernenden Flecken gehört allerdings in den Müll und nicht in den Container.

Leseratten können Gleichgesinnte glücklich machen, indem sie ihre Schmöker in sogenannten **Bücherschränken** ablegen. Hier darf sich jeder Lesestoff nehmen und lässt im Gegenzug auch welchen da. Oft verstecken sich diese Tauschbörsen in ausrangierten Telefonzellen. In jeder Gemeinde gibt es **Vereine und öffentliche Einrichtungen,** die sich über Bücherspenden freuen – wie etwa Kindergärten, Büchereien und Gefängnisse. In der City etwas schwieriger, in Wohngegenden aber in der Regel kein Problem: Hast du Sachen zu verschenken, stelle sie in einer Kiste vor das Haus und lade Passanten per Schild zum Zugreifen ein. In der Regel ist ein Großteil der Dinge abends verschwunden und die neuen Besitzer freuen sich über ihre Zufallsfunde.

DAS GESCHÄFT MIT DEN ALTKLEIDERN

Säckeweise werden aussortierte Pullis und Blusen, Hosen und Jacken in Altkleidercontainer geworfen. Klappe auf, T-Shirt rein, Klappe zu. Und jetzt? Die Spender gehen davon aus, dass ihre abgelegten Sachen sinnvoll weiterverwertet werden und **gemeinnützigen Zwecken** *zugutekommen. Das ist allerdings nicht immer der Fall.*

Die Textilien, die in Altkleidercontainern landen, werden erst einmal sortiert. Ein kleiner Teil, knapp 10 Prozent, wird an Bedürftige weitergegeben oder an Secondhand-Läden verkauft. Ein weitaus größerer Teil, etwa 40 Prozent, wandert als Handelsware ins Ausland. Mindestens ebenso viele Textilien gehen an Recyclingfirmen, die die alte Kleidung in Putzlappen und Dämmstoffe verwandeln. Und der Rest wird verbrannt oder landet auf dem Müll.

Auch wenn viele Container von karitativen Einrichtungen oder anderen seriösen Betreibern aufgestellt werden, tummeln sich schwarze Schafe in dieser Branche. Diese verkaufen das Sammelgut weiter, ohne gemeinnützige Einrichtungen teilhaben zu lassen. Container, die von **seriösen Initiativen** *aufgestellt werden, sind mit Adresse und Telefonnummer des Betreibers versehen. Außerdem tragen sie deutlich sichtbar ein Siegel, etwa das von FairWertung (eine Liste mit Abgabestellen findest du auf altkleiderspenden.de), das DZI-Spenden-Siegel oder das BVSE Qualitätssiegel Textilsammlung.*

ENTSORGEN

Kaputt und nicht mehr zu reparieren? Dann in den Müll damit. Doch nicht alles, was weggeworfen wird, gehört in den Hausmüll – und manche Dinge sind für die Tonne auch schlichtweg viel zu groß.

Sperrmüll entsorgen. Möbel, Lampen und andere sperrige Gegenstände kannst du als Sperrmüll entsorgen. In manchen Gemeinden und Städten gibt es feste Termine, in anderen wiederum darf jeder Anwohner kostenlos einmal im Jahr einen Abholtermin beantragen. Ist das bei dir der Fall, könntest du dich vielleicht mit deinen Nachbarn zusammentun.

Über den Wertstoffhof entsorgen. Elektronische Geräte, aber auch Altpapier, CDs, Korken, Textilien und Metallschrott kannst du hier kostenlos abliefern. Für Rest- und Sperrmüll fällt eine Gebühr an.

Über Entrümpelungsunternehmen entsorgen. Hast du größere Möbelstücke und keine Gelegenheit, diese anderweitig zu entsorgen, kannst du auch ein Unternehmen beauftragen, das die Gegenstände bei dir zu Hause abholt. Für diesen Dienst musst du allerdings bezahlen.

DER INNERE SCHWEINEHUND

STRATEGIEN, WENN DIR DAS WEGGEBEN SCHWER FÄLLT

Sachen wegzugeben, kann schwer fallen. Häufig löst der Gedanke daran Ängste aus. Das können Verlustängste sein, aber auch die Sorge, falsche Entscheidungen zu treffen. Andere Menschen wiederum mögen nichts entsorgen, weil sie immer noch den Preis vor Augen haben, den sie vor langer Zeit für die Gegenstände bezahlt haben. Wieder andere plagt ein schlechtes Gewissen. Und oft ist es ein **Mix aus unterschiedlichen Gefühlen und Befürchtungen**. Was auch immer hinter dem inneren Schweinehund steckt – wenn diese Blockaden gelöst und die Hindernisse überwunden sind, ist der Weg frei, um gründlich auszumisten. Und erst dann kann ein funktionierendes Ordnungssystem etabliert werden.

ÄNGSTE

Es kann Angst machen, loszulassen, sich von etwas zu trennen oder „endgültige" Entscheidungen treffen zu müssen. Was, wenn du dich falsch entscheidest? Wenn du dieses und jenes niemals hättest weggeben dürfen? Du fühlst dich sicher mit den Dingen, die dich umgeben. Und vielleicht definierst du dich auch über das, was du besitzt. Doch eigentlich hängen dein Wohlbefinden und deine **Sicherheit** nicht von Gegenständen ab, die du weder nutzt noch brauchst. Ganz im Gegenteil, wenn du dich von Überflüssigem trennst, ist viel mehr Platz für all die Dinge, die dir guttun und die wirklich positive Gefühle in dir auslösen. Nur Mut!

Unentschlossenheit. Ja oder nein? Grün oder blau? Groß oder klein? Spaghetti oder Pizza? Wer schlecht Entscheidungen treffen kann, tut sich natürlich auch beim Ausmisten schwer. Diese Unentschlossenheit basiert oft auf der Angst, Fehler zu machen. Doch was ist das Schlimmste, das passieren kann? Du gibst etwas weg, was du vielleicht doch lieber behalten hättest. Kein Beinbruch, oder? Die Lösung für Unentschlossene ist die **Halbjahres-Kiste** (s. S. 26). Mit ihr kannst du dich quasi „testweise" von den Dingen verabschieden. Sie fehlten dir in diesem halben Jahr nicht? Dann kannst du sie danach endgültig gehen lassen.

Schuldgefühle. „Ich kann dieses Häkeldeckchen nicht weggeben, schließlich hat meine Oma das für mich gemacht." Ein schlechtes Gewissen ist eine effektive Bremse beim Ausmisten. Und schon lagerst du unzählige Dinge ein, die dir weder gefallen noch nützen. Sie alle erinnern dich an Menschen und an Momente, die du mit ihnen verknüpfst. Doch brauchst du all diese Gegenstände dafür wirklich? Schließlich leben die Erinnerungen in deinem Kopf und in deinem Herzen. Wenn es dir schwerfällt, dich aufgrund von Schuldgefühlen von einem Gegenstand zu verabschieden, knipse ein Foto davon. Vielleicht hilft dir auch eine kleine **Abschiedszeremonie.** Mache dir bewusst, dass du so Platz für neue schöne Erinnerungen schaffst, die in der Zukunft auf dich warten.

Sparsamkeit. „Aber ich habe doch so viel Geld dafür bezahlt!" – „Das kann man doch noch reparieren." – „Wer weiß, wann ich das noch mal brauche." Dir kommen diese Einwände bekannt vor? Natürlich ist es gut, nachhaltig zu leben und Dinge und Ressourcen nicht zu verschwenden. Aber sich deshalb nicht von Gegenständen zu trennen, die man weder braucht noch benutzt, macht keinen Sinn. Das Geld, das man einmal bezahlt hat, ist eh weg. Statt die Küchenmaschine, das zu kleine Kinderfahrrad und die Gitarre Staub ansetzen zu lassen, kann man sie **verkaufen** und so immerhin einen Teil der Ausgaben ersetzt bekommen. Das Ding ist zu schade zum Wegwerfen, es muss einfach nur repariert werden? Wenn du bis jetzt noch nicht das Werkzeug gezückt oder das Teil zum Fachmann gebracht hast, wirst du es in Zukunft vermutlich auch nicht tun. Und offensichtlich warst du im Alltag nicht auf den Gegenstand angewiesen, sonst hättest du dich längst um die Reparatur gekümmert. Auch das Argument, man könnte dieses oder jenes Teil irgendwann noch einmal gebrauchen, ist nicht wirklich hieb- und stichfest. Bewahre solche Sachen nur auf, wenn du ganz konkrete Pläne für die Zukunft hast. Bist du im Zweifel, lege die Gegenstände in die Halbjahres-Kiste und überprüfe in sechs Monaten, ob sich deine Planung geändert hat.

SINNVOLL STAURAUM SCHAFFEN

OFFEN, GESCHLOSSEN, VERTIKAL

Offene Regale oder geschlossene Schränke? In die Höhe oder in die Breite gehen? Es gibt viele Möglichkeiten, Platz für all die schönen Dinge zu schaffen.

ZEIGEN ODER VERSTECKEN?

Die Dinge hinter geschlossenen Fronten verstecken oder lieber in offenen Regalen ausstellen: Was ist praktischer? Beide Systeme haben ihre Vor- und Nachteile. Ein **offenes Regal** wirkt hübsch, luftig und leicht – allerdings nur, wenn es nicht zu vollgestopft ist. Da der komplette Inhalt sichtbar ist, muss hier immer besonders gut aufgeräumt sein. Kleinteilige Dinge verschwinden am besten in hübschen Körben und Boxen. Sind diese so groß, dass sie ein ganzes Fach ausfüllen, funktionieren sie wie Schubladen. Der Haken ist, dass sich Staub nicht nur auf dem Möbel selbst, sondern auch auf dem Inhalt niederlässt. Hier muss also öfter einmal abgestaubt werden.

Im Schrank sind die Dinge vor Staub geschützt. Und weil alles hinter **geschlossenen Fronten** versteckt ist, lassen sich hier auch Gegenstände lagern, die nicht sonderlich dekorativ aussehen. Mit raumhohen Schränken schafft man besonders effektiv Stauraum. Sind die Fronten schlicht, wirken die großen Möbel nicht erdrückend, sondern zurückhaltend und unauffällig. Nur weil die Dinge hinter Türen verborgen sind, heißt es aber natürlich nicht, dass sie nicht auch sortiert und aufgeräumt werden müssen.

Denn Ordnung ist selbst in der kleinsten Box notwendig.

IN DIE HÖHE

Denkt man daran, Ablageflächen zu schaffen, hat man in der Regel die Horizontale vor Augen. Kommoden und Sideboards ziehen sich entlang der Wände und bieten Raum für alles Mögliche. Der Platz darüber allerdings bleibt oft frei und ungenutzt. Dabei lohnt es sich, auch mal **in der Senkrechten** zu denken. Besonders in kleinen Räumen ist diese Dimension sehr praktisch. An Türen, über dem Spülbecken oder der Arbeitsplatte, über dem Schreibtisch und der Spielecke im Kinderzimmer warten vertikale Flächen darauf, genutzt zu werden. Ein netter Nebeneffekt: Ist der Boden frei, sieht es gleich viel aufgeräumter aus. Und das Saubermachen geht wesentlich flotter von der Hand.

- **Hängeregale** gibt es in vielen stylishen Ausführungen. Filigrane Exemplare oder Regalböden, die zu schweben scheinen, bieten jede Menge Ablagefläche, nehmen sich aber optisch zurück.
- **An der oberen Türkante** lassen sich Hängeregale und Türorganizer befestigen. Sie liefern Unterbringungsmöglichkeiten, ohne den Platz im Zimmer zu minimieren. Auch die Innenseiten von Schranktüren können genutzt werden.

- **Lochplatten** sind mittlerweile von der Werkstatt in den Wohnbereich gezogen. Über dem Schreibtisch bewahren sie Stifte, Scheren und andere Utensilien auf, über der Küchenarbeitsfläche sortieren sie Löffel und Pfannenwender und im Eingangsbereich dienen sie als Garderobe. Besonders praktisch: Die Haken, Stifte und Behälter lassen sich ganz individuell anordnen.
- **Magnetleisten** sind in der Küche ebenfalls praktisch. Ähnlich wie an Lochplatten lassen sich auch an ihnen etliche Utensilien aufhängen.
- **Leiterregale** werden einfach an die Wand gelehnt, ganz ohne großen Aufwand. Sind die Sprossen schmal, lassen sich Handtücher, Schals, Gürtel etc. daran aufhängen. Sind sie breiter, ist Platz für Bücher und andere Dinge.
- **Vorhangstangen und Teleskopstangen** kannst du zwischen Schränke oder Wände hängen beziehungsweise klemmen. Hier baumeln Körbe, andere Behälter und Kleiderbügel, um alles Mögliche aufzubewahren.
- In **Schrank- und Regalfächern** kann man mit halboffenen Körben und anderen passenden Behältern prima in die Höhe stapeln, um so die Fächer optimal auszunutzen.
- **Zusätzliche Böden** schaffen im Schrank zusätzlichen Stauraum. Nutzt man die Höhe des Möbelstücks nicht richtig aus, verschenkt man kostbaren Platz.
- **Haken** funktionieren in allen Räumen. Im Flur nehmen sie Jacken und Mützen auf, in der Küche Kochutensilien, im Kinderzimmer Springseile und Ketten genauso wie Körbe mit Kuscheltieren.
- **Gläser mit Schraubverschluss** sind tolle Aufbewahrungshilfen. Befestigst du die Deckel mit der offenen Seite nach unten unter einem Regalbrett, kannst du die hängenden Gläser einfach an- oder abschrauben.

ALLES VORBEREITET?

DANN KANN ES LOSGEHEN!

KISTEN & KÄSTEN

Um deinen Besitz gut und praktisch zu verstauen, brauchst du unterschiedlichste Behälter. In der Küche sind **Vorratsgefäße** aus Kunststoff oder Glas sinnvoll, im Kinderzimmer nehmen **Stoffkörbe** und robuste Boxen weiche und harte Spielsachen auf und in den Schubladen sind kleinteilige **Organizer** hilfreich. In den folgenden Kapiteln erfährst du, welche Behältnisse für welche Kategorien sinnvoll sind. Mit Maßband und Stift kannst du genau ausrechnen, wie du den vorhandenen Raum am besten ausnutzen kannst. Für welche Varianten entscheidest du dich? Wie viel Platz hast du für die unterschiedlichen Behälter? Welche hast du schon und welche musst du besorgen? Bevor du loslegst, sollten die Ordnungshelfer parat stehen.

LABEL

Du weißt, was in der Kiste ist, und brauchst dafür kein Etikett? Falsch gedacht. Im Moment hast du vielleicht den Überblick, aber spätestens, wenn sich drei identische Boxen im Schrank stapeln, bist du dir nicht mehr sicher. Label sind enorm hilfreich. Und nicht nur das: Sie können auch ungemein dekorativ sein. Mit **schicken Etiketten** kannst du deinem neuen Ordnungssystem einen coolen Auftritt verpassen.

Überlege dir vorab, wie du deine Boxen, Dosen und Gläser beschriften möchtest.

Handschriftlich. Stehsammler und Ordner haben oft Papieretiketten, die du mit jeder Art von Stift beschriften kannst. Sehr praktisch sind Kreidemarker. Sie schreiben auf Glas und Kunststoff genauso wie auf Papier und Pappe. Der Clou: Auf glatten Oberflächen kannst du sie leicht wieder abwischen. Das ist praktisch, wenn sich der Inhalt eines Behälters ändert oder du deine Lebensmittelgefäße vorübergehend beschriften musst, bevor du dich ans Erstellen aufwendigerer Label machst.

Per Computer. Wer seine Handschrift nicht mag, tippt am Computer und klebt die Etiketten dann auf die Behältnisse. Wer sich viel Mühe machen möchte, kann die Beschriftung mit einem Kreidemarker auf durchsichtigen Gefäßen abpausen. Ein Tipp: Label aus Papier halten, wenn sie laminiert werden, viele Jahre lang.

AUSREDEN KEINE CHANCE GEBEN

Keine Zeit, keine Lust, keine Ahnung … Schon klar. Ausreden finden sich viele, um das große Aufräumen noch ein Weilchen **aufzuschieben**. Wie schade, denn eigentlich ist jetzt doch ein guter Zeitpunkt, um loszulegen. Deshalb gibt es hier ein paar Tipps, um die „Aufschieberitis" zu kurieren. Sie sind übrigens auch sehr hilfreich, wenn es darum geht, dreckiges Geschirr sofort in den Geschirrspüler zu stellen oder die Steuererklärung nicht erst auf den allerletzten Drücker zu erledigen.

Mit Etikettiergerät. Manche Geräte arbeiten mit Thermopapier, andere wiederum mit geprägten Kunststoffbändern. Egal, für welche Variante du dich entscheidest, mit einem solchen Helfer kannst du schicke Label ganz nach deinem Bedarf zaubern.

Mit Plotter. Wie ein Drucker spuckt diese Maschine das von dir designte Label aus. Dabei hat sie bereits die Schriftzüge ausgeschnitten. Diese müssen jetzt mithilfe einer Transferfolie auf die Behälter übertragen werden. Diese Methode ist deutlich aufwendiger, bietet aber auch die vielseitigsten Möglichkeiten.

- **To-do-Liste schreiben.** Notiere alle Aufgaben, die anfallen. Hältst du alles auf dem Papier fest, hast du eine Übersicht und kannst in aller Ruhe überlegen, mit welcher Aufgabe du beginnst. Und hinterher wird jeder erledigte Job abgehakt. Listen, vom Einkaufszettel bis zum Essensplan, sind eine Möglichkeit, unsere Gedanken zu ordnen. Und an das, was wir notiert haben, müssen wir nicht mehr ständig denken.
- **Die Kröte schlucken.** Welches ist die nervigste Aufgabe? Erledige sie gleich als Erstes. Dann kannst du dich nämlich anschließend erleichtert auf den Rest der Liste stürzen.
- **In kleinen Schritten vorangehen.** Ist ein Job zu groß, dann teile ihn in einzelne Schritte auf. So wirkt die Aufgabe nicht so überwältigend, dass du gar nicht erst anfängst. Zwischenziele motivieren!
- **Auf die Schulter klopfen.** Gut gemacht! Wenn du eine größere oder unangenehme Aufgabe erledigt hast, winkt eine Belohnung. Egal, ob du dir ein Kaffee-Päuschen mit Kuchen gönnst oder ein Schaumbad am Abend, diese Aussichten motivieren dich, anzufangen und den Job zu Ende zu bringen.

KLEIDUNG

Das Shirt ist verknautscht, der linken Socke fehlt die rechte und die Lieblingshose ist nicht aufzufinden? Chaos im Kleiderschrank sorgt nicht gerade für einen guten Start in den Tag. Stell dir stattdessen vor, Hosen, Blusen und Pullis wären sortiert, faltenfrei und jederzeit griffbereit. Vielleicht sogar schon im Schrank zu schicken Outfits zusammengestellt. Perfekt, oder? Mit einer neuen Ordnung schaffst du ganz nebenbei zusätzlichen Stauraum und Platz für neue Lieblingsstücke.

BÜGEL & BOX

SCHÖN ORDENTLICH IM KLEIDERSCHRANK

WAS GEHT, WAS BLEIBT?

Ob Unterwäsche oder T-Shirt, Wollpulli oder Seidenbluse: Alles muss raus. Denn um Schränke und Kommoden von Grund auf neu zu organisieren, musst du sie alle einmal komplett leeren. Den Kleiderberg nimmst du nun genau unter die Lupe. **Was darf bleiben und was muss gehen?** Die Hose ist zu kurz, der Rock zu weit? Die Farben des Shirts machen dich blass und die der Jacke streiten sich mit denen deiner restlichen Klamotten? Dann **verabschiede dich** von diesen Teilen. Kaputte Kleidungsstücke gehen genauso wie die, die du seit einem Jahr nicht mehr getragen hast. Wohin mit der ausgemusterten Kleidung? Jede Menge Tipps findest du auf Seite 28. Alle Kleidungsstücke, die bleiben dürfen, werden jetzt sortiert. Wenn du deine Kleidung im Blick hast und genau weißt, wie viel Platz sie braucht, kannst du dein Aufbewahrungssystem optimieren.

PERFEKT EINGERICHTET

Für mehr Stauraum brauchst du vermutlich keinen neuen Schrank, sondern einfach eine **bessere Einteilung**. Wer beispielsweise die **Kleiderstange** bis kurz unter das nächste Fach oder das Dach des Schrankes schraubt, gewinnt darunter zusätzlichen Stauraum. Wie viel Platz die Stange einnimmt, kommt übrigens immer darauf an, welche Kleidungsstücke sie tragen soll. Für einen Wintermantel musst du sie natürlich wesentlich höher hängen als für Kinderröcke. Schlau ist es, das längste Kleidungsstück auszumessen und sich an diesen Maßen zu orientieren. Der Raum für die hängende Kleidung schließt am besten immer mit einem Einlegeboden ab. So wird dieser Bereich nicht nur optisch abgegrenzt, so kommen auch die langen Mäntel der Kleidung darunter nicht in die Quere.

Die **Schrankfächer** lassen sich ebenfalls optimieren. In der Regel sind sie sehr

CLEVER SORTIERT

Sind die Möbel bereit, geht es ans Einräumen – natürlich **nach Kategorien geordnet**. An der Stange hängen Blusen neben Blusen, Blazer neben Blazern. In den Fächern liegen Jeans, Shirts und Socken, platzsparend gefaltet, übersichtlich und griffbereit. Deine Kleidung sortierst du allerdings nicht nur nach Art, sondern innerhalb der Kategorien auch **nach Farben**. Das ist praktisch und sieht auch noch schön aus. Auf der Stange ordnest du die Stücke am besten zusätzlich **nach Größe**: von lang zu kurz und von dünn zu dick. Außerdem kommt zusammen, was zusammengehört. Denn sind die einzelnen Teile eines Outfits nah beieinander, erreichst du das ganze Ensemble mit einem Griff. Ob Sweater oder Shirt, Unterwäsche oder Socken, natürlich räumst du deine Lieblingsteile in den Vordergrund und platzierst sie so, dass du sie schnell greifen kannst.

großzügig bemessen, damit sie hohen Türmen von T-Shirts und Jeans Platz bieten und man bequem zugreifen kann. Schlauer ist es, mit Boxen zu arbeiten, statt die Schrankfächer mit Kleidungsstapeln zu befüllen. So braucht jedes einzelne Fach weniger Platz und es bleibt Raum für zusätzliche Einlegeböden.

Besonders praktisch sind **Schubladen**. Weil sie sich herausziehen lassen, ist der Inhalt selbst in den hintersten Ecken problemlos erreichbar. Deshalb solltest du überlegen, ob du den einen oder anderen Regalboden gegen eine Schublade austauscht. Bei modularen Schranksystemen ist das in der Regel problemlos möglich.

DER TRICK: VERTIKALES FALTEN

Falten oder hängen? Die Antwort ist einfach: Es kommt darauf an, was dir besser gefällt und was in deinem Schrank gut funktioniert. Generell gilt, dass Anzüge, Kleider, T-Shirts und Blusen **hängen** sollten, um möglichst faltenfrei zu bleiben. Vor allem Stücke aus zarten, weichen Stoffen, wie etwa Seide, sind auf einem Bügel besser aufgehoben. Jeans, andere Hosen und Pullover dagegen lassen sich gut **zusammenlegen** und in Fächern oder Schubladen verstauen. Hier gibt es einen besonders platzsparenden und praktischen Kniff: **vertikales Falten**. Mit dieser Technik verwandelst du selbst lange Jeans und voluminöse Hoodies in kompakte Päckchen, die von alleine stehen und wenig Raum einnehmen. Und so funktioniert es:

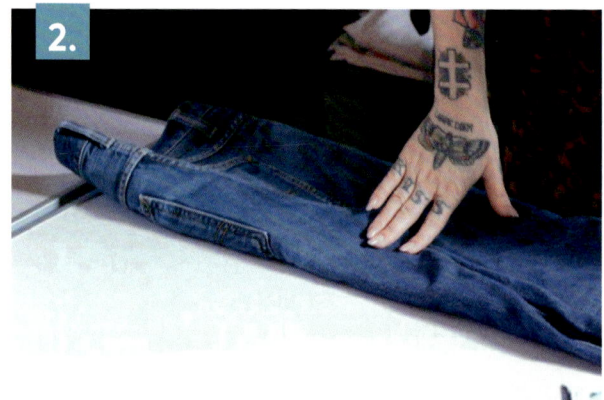

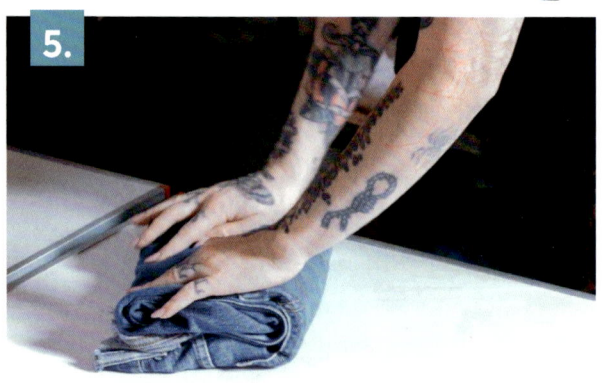

1 Um eine Hose vertikal zu falten, legst du beide Beine glatt aufeinander.

2 Den Po klappst du ein wenig ein, sodass ein sehr langes, schmales Rechteck vor dir liegt.

3 Das Rechteck klappst du einmal in der Mitte zusammen.

4 Dieses kürzere Rechteck kannst du nun halbieren oder dritteln, je nachdem, wie lang die Hose ist.

5 Am Ende bildet das Kleidungsstück ein kompaktes Paket, das du mit der Öffnung nach unten senkrecht in eine Schublade oder eine Kiste stellen kannst.

Diese **Falttechnik** funktioniert nicht nur bei Hosen, sondern auch bei Pullovern, Hoodies (Kapuze flach einklappen), bei Jacken (Reißverschluss oder Knöpfe schließen), bei T-Shirts und Hosen. Möchtest du einen Pullover vertikal falten, breitest du ihn mit der Vorderseite nach unten aus. Dann faltest du beide Seiten zur Mitte, und zwar jeweils entlang einer Linie, die vom Ausschnitt des Pullis bis zum unteren Bündchen reicht. Die Ärmel legst du parallel zu den neuen Außenkanten. Dieses flache Rechteck klappst du einmal in der Mitte um. Noch einmal in der Mitte falten und dein Pulli kann senkrecht in Schubladen oder Boxen stehen. Selbst Strümpfe, Socken und Unterwäsche lassen sich zu kleinen Päckchen falten, die du prima hintereinander einsortieren kannst.

DIE PERFEKTEN BÜGEL

Holzbügel sind zwar hübsch, doch nicht sonderlich praktisch, denn glatte Stoffe rutschen schnell herunter. Außerdem nehmen sie auf der Kleiderstange viel Raum ein. Sinnvoller sind **mit Samt bezogene Bügel** *aus Kunststoff oder Metall. Diese sind leicht und zierlich und der Überzug sorgt dafür, dass die Kleidung an Ort und Stelle bleibt. Schwere Mäntel und Anzüge finden auf breiten, besonders robusten Samtbügeln Platz. Für Kinderkleidung gibt es diese zierlichen Bügel auch in kleinen Varianten.*

EINRÄUMEN, FERTIG!

Diese praktischen Pakete werden jetzt hintereinander in **Schubladen oder Kisten** sortiert. Schubladen sind oft so breit, dass du hier am besten mit Trennwänden arbeitest. Lass dir im Baumarkt passende Bretter zuschneiden oder besorge dir im Handel **Trenner**, die du längs in die Schubladen stellst. So kannst du die Schubladen in Fächer unterteilen, die genau die Breite deiner Kleidungspäckchen haben. Du verschwendest keinen Platz und sorgst dafür, dass nichts durcheinandergerät. In Schrankfächern halten dagegen **Boxen oder Körbe** Ordnung. Hinter geschlossenen Türen dürfen die Behälter ruhig durchsichtig sein. Noch besser allerdings: Du verpasst ihnen Label. So findest du auf den ersten Blick, wonach du suchst. Ob Jeans oder Shorts, Unterhemden oder Hoodies, in diese Boxen werden sämtliche Päckchen einsortiert – geordnet nach Kategorien, Farben und Favoriten. Für größere Kleidungsstücke wählst du tiefere Behälter, kleinere Päckchen kommen in flacheren Kästen unter. Und Unterwäsche und Socken landen in den kleinen Unterteilungen der Schubladenorganizer. Bewahrst du deine Kleidung in offenen Regalen auf, sehen geschlossene, undurchsichtige Boxen mit Deckel schön ordentlich aus. Mit schicken Exemplaren aus festem Karton, Holz oder Metall kannst du dein Möbel in einen echten Hingucker verwandeln.

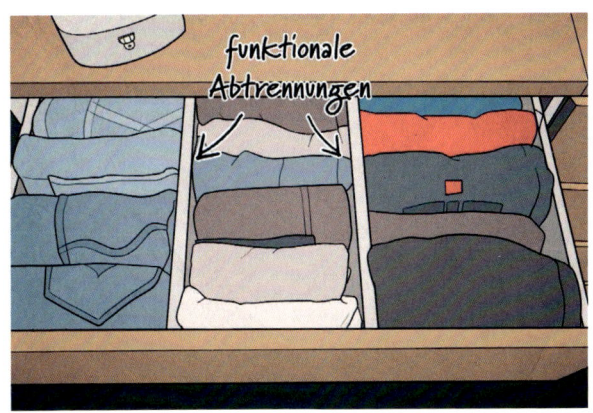

FÜR DIE SAISON AUSGELAGERT

Möglicherweise bietet der Schrank nicht ausreichend Platz für Sommer- und Wintergarderobe? Kein Problem, dann trennst du die warmen von den sommerlichen Kleidungsstücken und lagerst die Teile, die gerade nicht gebraucht werden, in **gut verschlossenen Kisten oder Taschen** an anderer Stelle. Wichtig ist, dass alle Kleidungsstücke sauber und trocken sind, wenn du sie für die nächsten Monate wegräumst. Lavendelsäckchen oder Kleiderbügelringe aus Zedernholz halten Kleidermotten fern.

CAPSULE WARDROBE

*Alles, was nötig ist, aber nicht mehr: Die Capsule Wardrobe ist die **minimalistische Garderobe** – und zwar für jede Jahreszeit eine. Im Schrank finden sich nur zeitlos schöne Stücke, die sich prima miteinander kombinieren lassen. So entstehen etliche neue Looks. Je nach Jahreszeit werden Hosen und Co. durchgetauscht. Dieses Konzept sorgt dafür, dass immer nur wenige Kleidungsstücke, etwa 30 bis 40 (exklusive Unterwäsche und Sportbekleidung) den Schrank füllen und alles übersichtlich ist. Außerdem bremst die Capsule Wardrobe den Konsum und ist damit schön nachhaltig.*

DIE KLEIDUNG DER KLEINEN

Was für die Großen gilt, gilt auch für die Kleinen: Bevor die Kleidung aufgeräumt und sortiert im Schrank verschwindet, landet sie erst einmal auf einem großen Haufen. Passt der Body noch? Ist die Hose längst zu kurz? Zu schnell wächst der Nachwuchs aus der Kleidung heraus, deshalb lohnt es sich, alle paar Monate den **Check** zu machen.

Ist Kleidung zu klein, kann sie verschenkt, gespendet oder verkauft werden. Wer aber noch weitere Kinder hat, bewahrt die Stücke für die jüngeren Geschwister auf. Allerdings nicht im Kinderzimmer, hier sollte der Platz sinnvoller genutzt werden. **Aussortierte Kleidung** in der Warteschleife wandert am besten in fest verschlossenen Kisten auf den Boden oder in den Keller. Beschriftest du die Behältnisse mit Infos über den Inhalt und die Größen, findest du sie problemlos wieder, wenn sie gebraucht werden. Wichtig ist, nur saubere und trockene Kleidung zu verstauen, damit sich kein Schimmel bildet. Sind die aussortierten Teile dem jüngeren Geschwisterkind nur eine oder zwei Größen zu groß, dürfen sie gern schon in dessen Schrank wandern. Schließlich werden sie hier demnächst gebraucht. Rücke sie aber deutlich von der aktuellen Kleidung ab, damit nichts durcheinandergerät. An der Kleiderstange sorgt ein Trenner für die Abgrenzung, in den Fächern funktionieren unterschiedliche

Kisten, in den Schubladen übernehmen Trennwände die Aufgabe.

Wie bei den Großen heißt es ebenfalls im Kinderzimmer: **Vertikales Falten** (s. S. 42) verstaut die Kleidung nicht nur übersichtlich, sondern auch platzsparend. Kleidchen, Blusen, Jacken und selbst Pullover können auf Bügeln in den Schrank sortiert werden. Der Rest verschwindet in Schubladen oder in Boxen in den Schrankfächern.

DIE ALLROUND-STATION

Ein wichtiges Multifunktionsmöbel für Säuglinge und Kleinkinder ist die **Wickelkommode**. Hier werden täglich nicht nur etliche Windeln, sondern auch Schlafanzüge, Bodys, Strampler und Co. gewechselt. Gut also, wenn alles, was dafür nötig ist, immer griffbereit liegt. Und zwar ganz ohne Chaos. Deshalb räumst du auch hier erst einmal alles heraus und **sortierst den Inhalt** auf Stapeln. Abgelaufene Cremes, ausgetrocknete Feuchttücher, zu kleine Wäsche – weg damit! Zurück in die Kommode darf nur, was passt und auch benutzt wird. Gegen das Durcheinander in den Schubladen helfen **Einsätze und Kisten**, mit denen du Söckchen, Tuben, Windeln etc. an ihren Plätzen hältst. Vergiss auch

nicht, eine kleine Box mit Spielzeug zu füllen, damit der Nachwuchs beim Aus- und Anziehen beschäftigt ist.

Ein toller Tipp, um Wickelkommode und Schrank zu personalisieren: **individuelle Griffe** und Knäufe. Ob Tiere, Autos oder Sonne, Mond und Sterne, mit lustigen Motiven hat der Nachwuchs nicht nur Spaß, das Möbelstück wird auch zum Unikat.

FÜR SANFTE TRÄUME

Bettwäsche stapelt sich oft in den hinteren Ecken des Kleiderschranks und belegt wertvollen Stauraum. Im Einsatz sind aber in der Regel nur die schönsten Garnituren. Hier kannst du bestimmt einiges aussortieren, oder? Pro Person braucht man im Grunde genommen nur zwei oder drei Sets, für Kinder lieber noch ein paar mehr. Ist bei dir der Platz im Schrank knapp, kannst du die Bettwäsche auslagern. Eine gute Möglichkeit: verschlossene Kästen unter dem Bett. Besonders praktisch sind übrigens Bett-Modelle, die unter dem Lattenrost bereits Fächer integriert haben oder die mit breiten Schubladen ausgerüstet sind. Alternativ dazu lässt sich Bettwäsche in gut verschlossenen Boxen auf dem Schrank verstauen. Sie lagert hier zwar nicht gerade griffbereit, es werden ja aber auch nicht täglich die Laken gewechselt.

Statt sie flach aufeinanderzulegen, solltest du die Bettwäsche ebenfalls vertikal falten. Lege sie einfach wie gewohnt zusammen und falte das Rechteck dann noch einmal so, dass du das Paket senkrecht in Schubladen oder Boxen verstauen kannst.

VAKUUMVERPACKT

Winterjacken, Schals, dicke Pullis: Gerade warme Kleidung ist oft voluminös. Da ist es nicht so leicht, das passende Plätzchen zu finden, um sie bis zum kommenden Herbst einzulagern. Wer viele Textilien auf wenig Raum verstauen möchte, kann ihnen einfach die Luft nehmen. Und so funktioniert's: Die trockene, saubere Kleidung wird in **Vakuumbeutel** *gelegt. Diese haben ein Ventil, über das man mit dem Staubsauger einfach die Luft heraussaugt. So schrumpft das Volumen um bis zu 75 Prozent und der Inhalt kann platzsparend und geschützt vor Staub und Schädlingen gelagert werden.*

AUF DIE SCHNELLE

● Aussortieren: In deinen Schrank darf **nur, was dir wirklich gut passt** und was du gerne anziehst. Den Rest gibst du weg.

● Optimieren: Wie hoch sollten die Kleiderstangen hängen, wie viele Fächer oder Schubladen brauchst du? Passe dein Aufbewahrungssystem **genau deinen Bedürfnissen und deiner Kleidung an**. Boxen sind gute Ordnungshelfer.

● Einräumen: Gleich und gleich gesellt sich auch in deinem Schrank gern. **Sortiere deine Kleidung nach Kategorien** und diese wiederum nach Farben. Vertikal gefaltet ist alles bestens verstaut.

KLEIDUNG | 47

SCHUHE & ACCESSOIRES

Man muss keinen Schuhtick oder eine Sammelleidenschaft für Taschen oder Tücher haben, um für Chaos in Schränken und Garderoben zu sorgen. Auch eine kleine Sammlung kann schon Tohuwabohu produzieren. Mit ein paar Regeln, Tricks und Hilfsmitteln kehrt Ordnung ein.

DIE SCHICKEN EXTRAS

SCHUHE & ACCESSOIRES HÜBSCH VERSTAUT

SCHUHE

Sie lungern gleich hinter der Eingangstür oder stapeln sich in irgendwelchen Ecken oder Regalen. Manche sind flach und zierlich, manche schwer und klobig, manche haben einen langen Schaft: Schuhe. Gar nicht so einfach, sie alle aufgeräumt und einheitlich zu verstauen. Für den ordentlichen Eindruck solltest du deshalb Schuhe und Stiefel hinter **geschlossenen Fronten** aufbewahren. Du hast eine Leidenschaft für extravagante High Heels und möchtest sie gerne im Blick haben? Dann wird ein (beleuchtetes) Board zur Bühne für deine Lieblingsstücke. Alle anderen Schuhe verschwinden am besten in Schränken. Und zwar nicht nur nach Kategorien, sondern auch nach Farben oder Materialien sortiert, die schwersten unten, die leichtesten oben. Platzsparend ist es, die Ferse eines Schuhes nach vorne und die seines Partners nach hinten zu drehen. **Schuhschränke** sind natürlich bestens geeignet, um Sneaker, Sandalen und Co. aufzunehmen. Aber auch in Kleiderschränken ist Platz. Fehlt es an Fächern, können Schuhe in senkrechten **Organizern** aufbewahrt werden, die an der Kleiderstange befestigt sind. Ähnlich

funktionieren großflächige Organizer, die an Tür oder Wand hängen. Magst du es besonders ordentlich, verstaust du deine Schätze in identischen **Boxen**. Ein aufgeklebtes (Polaroid-)Foto verrät den Inhalt. Wer keinen Platz für ein Schuh-Möbel hat, stapelt schicke Schuhkartons einfach unter der Dachschräge oder in einer Nische.

TASCHEN

Man kann nie genug Taschen haben, oder? Dumm nur, dass sich die Schönheiten in der gesamten Wohnung verteilen, auf dem Boden des Schranks knautschen oder an Stuhllehnen baumeln. Keine gute Lösung. Doch wohin mit Turnbeuteln und Clutches, mit Rucksäcken und Umhängetaschen? Ähnlich wie bei den Schuhen möchtest du deine liebsten Schätze ausstellen? Dann reserviere ihnen ein paar **Garderobenhaken**, die du an der Wand verteilst – die perfekte Ausstellungsfläche für die schönsten Exemplare. Die anderen legst du am besten **gefächert in Schubladen**. So kannst du ganz gezielt zur Tasche des Tages greifen, ohne lange suchen zu müssen. Die Beutel, Shopper und Bags, die du nicht oft brauchst, verstaust du am besten in einer großen (und hübschen) Tasche. Die erhält auf diese Weise mehr Stand und kann zum Beispiel dekorativ auf dem Schrank thronen. Stoffbeutel dagegen lassen sich prima vertikal falten (s. S. 42) und in eine Box einsortieren.

MÖBEL MIT STAURAUM

Gerade im Flur braucht man einerseits Stauraum, andererseits eine **Sitzgelegenheit**, *um sich Schuhe anzuziehen. Truhen schlagen beide Fliegen mit einer Klappe: Unter der Sitzfläche verbirgt sich jede Menge Platz für Taschen, Schuhe und Fahrradhelme.*

GÜRTEL, SCHALS & TÜCHER

Natürlich kann man Gürtel und Schals über die Kleiderstange des Schrankes hängen – auf die Gefahr hin, dass sie dort unnötig Platz wegnehmen. In einem Korb oder einer Kiste dagegen verknoten oder verknautschen sie leicht und man muss lange wühlen, um das passende Exemplar zu finden. Bei Accessoires wie diesen kommen am besten **Schubladenorganizer** zum Einsatz. Diese flachen, breiten Boxen bieten einzelne Fächer für jedes Stück. Gürtel legst du aufgerollt, Schals und Tücher zusammengefaltet hinein. Alternativ dazu wählst du kleine Boxen, die du zu einer Art **horizontalem Setzkasten** in deiner Schublade arrangierst. So sind deine Schätze perfekt organisiert und du hast mit einem Griff das passende Accessoire.

MÜTZEN & CAPS

Mützen sind mittlerweile modische Accessoires und nicht mehr nur im Winter im Einsatz. **Vertikal gefaltet** (s. S. 42) lassen sie sich ausgezeichnet in Schubladen oder schmalen Boxen aufbewahren. Auch Caps kannst du so verstauen. Natürlich lassen sie sich wegen ihres festen Schirms nicht verti-

kal falten, doch wenn du die Rückseite in die Vorderseite drückst, kannst du deine Caps ganz einfach **hintereinander stapeln**. Eine coole Lösung ist diese hängende Variante: Lass eine Kette oder ein Seil von der Decke baumeln und befestige in regelmäßigen Abständen Fleischerhaken, um die Caps daran zu hängen.

SONNENBRILLEN

Auch Sonnenbrillen sind in Schubladenorganizern wunderbar aufgehoben. Damit die empfindlichen Gläser nicht zerkratzen, entscheidest du dich hier am besten für Boxen aus Stoff. Für all diejenigen, die ihre Lieblingsstücke ausstellen möchten, gibt es spezielle **Brillenhalter** in den unterschiedlichsten Formen.

AUF DIE SCHNELLE

- **Schuhe:** Hast du keinen passenden Schrank, baue Stapel aus schicken (Schuh-)Kartons. Fotos dienen als Label.

- **Taschen:** Taschen finden Platz in Schubladen. Manchmal ist es aber auch praktisch, kleinere in größere Exemplare zu stecken.

- **Accessoires:** Gürtel, Tücher und Sonnenbrillen bringst du gut in Schubladenorganizern unter.

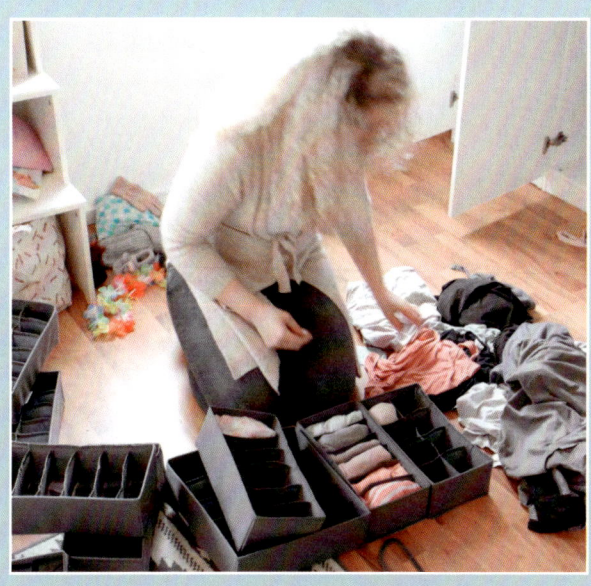

NICHT OHNE UNSERE FREUNDE

Jenny & Jannik leben in Gesellschaft auf einem Vierkanthof

Knarrend öffnet sich das kleine Tor zum idyllischen Innenhof. Unebenes Pflaster, knorriges Fachwerk und alte Mauern empfangen hier die Besucher. Aus jeder Ritze und Fuge verströmt das historische Gemäuer Geschichte und Geschichten. Kein Wunder, schließlich steht es bereits seit 1890. Seit einigen Jahren allerdings füllen zwei junge Paare mit kleinen Kindern den alten Vierkanthof mit neuem Leben.

Jenny Wetzel erzählt, wie aus einer guten Freundschaft eine Hofgemeinschaft wurde: „Mein Mann Jannik und sein Kumpel Micha kennen sich schon seit Ewigkeiten, sie sind zusammen zur Schule gegangen. Irgendwann sind Michas Freundin Jeanny und ich dazugestoßen. Als dann Jeanny 2017 diesen Hof erbte, haben wir uns ausgemalt, wie wir hier zu viert wohnen würden." Aus der Fantasie wurde überraschend schnell Wirklichkeit: Noch im selben Jahr zogen die vier ein – Jeanny und Micha in die rechte Hälfte, Jenny und Jannik in die linke. Zwei Jahre später folgte dann Zuwachs auf beiden Seiten: links Söhnchen Karl, rechts Söhnchen Moritz.

Jede Familie hat ihren eigenen Wohnraum. Allerdings gibt es auch gemeinschaftliche Bereiche, nämlich den großen Garten hinter dem Haus und den Innenhof, der die beiden Hälften miteinander verbindet. Hier treffen sich die Familien, sitzen bei einem Kaffee zum Klönen, verbringen gemeinsam laue Sommernächte. Hier feiern sie Feste, hier toben die Kinder – es ist eine Art Bullerbü innerhalb der Mauern des alten Dormagener Hofes.

Das Konzept hat für alle Bewohner unzählige Vorteile: „Fehlt uns Mehl, borgen wir uns das unserer Freunde aus der gemeinsamen Speisekammer. Braucht Karl einen Spielgefährten, ist Moritz da. Meistens ist jemand zu Hause, so kommt man nie in einen leeren Hof. Manchmal sehen wir uns zwei Wochen lang nicht, dann wiederum sitzen wir jeden Abend zusammen im Hof und schnacken. Leid und Freude mit Freunden zu teilen, ist einfach schön."

Aber nicht nur die Nähe zu den Freunden, auch der Hof an sich ist wie gemacht für das Paar. „Es war Liebe auf den ersten Blick", erinnert sich Jenny an ihre ersten Schritte durch das kleine Tor. „Der Charme und die Details haben uns umgehauen. Es ist etwas Magisches an diesem Haus." Diese Magie versprühen zum Beispiel die alten Mauern, von denen kaum eine gerade steht, die gemütlichen Sprossenfenster und die alte Klöntür, durch deren obere Hälfte früher Pferde ihre neugierigen Nasen streckten. Aufwendig renovieren wollten die beiden vor dem Einzug auf keinen Fall, um diesen Charme nicht zu zerstören. So verlegten sie nur neue Holzböden und strichen die Wände. Selbst die alte, eigentlich viel zu steile Treppe, die ins erste Stockwerk führt, durfte bleiben. Auch die schwarz-weißen Fliesen im Eingangsbereich, die ursprünglichen Fenster und die schweren Holztüren, die die Zimmer miteinander verbinden, machen heute noch einen großen Teil des Zaubers aus.

Dazu passt es perfekt, dass Jenny leidenschaftlich gern gebrauchte Möbel auftreibt und liebevoll restauriert. „Irgendwie gefällt mir die Vorstellung, etwas zu nutzen, das sonst entsorgt worden wäre." Dafür stöbert sie regelmäßig auf Flohmärkten, in Secondhandläden und im Sperrmüll. Hat ihre Finderin sie erst einmal aufgemöbelt, harmonieren die Schätze optimal mit dem Charakter des Hauses. Alte Landkarten und

Leuchter sorgen ebenso für ein gemütliches Ambiente wie kuschelige Sessel und opulente Goldrahmen. Überall gibt es Kurioses zu entdecken, vom hölzernen Telefon bis hin

NICHT OHNE UNSERE FREUNDE

Dieser romantische Zauber hat allerdings auch seine Nachteile. Denn die schiefen Wände und krummen Ecken machen es den Bewohnern nicht ganz leicht, Möbel zu stellen und Stauraum zu schaffen. Dazu sind die Räume klein und verschachtelt, in der oberen Etage gibt es durch die Dachschrägen kaum Stellfläche. Die Lösung: die Klei-

zum skurril geformten Wurzelholz, das als Schmuckhalter dient. In der Küche schmücken etliche Kupfertöpfe die Wand über dem Herd. Hier ist übrigens auch die Wiege von „Wachsling", dem gemeinsamen Business von Jenny und Jannik: Sie produzieren Bienenwachstücher, eine nachhaltige und umweltfreundliche Alternative zu Alufolie. Ihre Firma haben die beiden aus Platzgründen allerdings mittlerweile ausgelagert. Die kleine gemütliche Küche ist Jennys erklärter Lieblingsplatz im Haus: „Es ist einfach so romantisch hier – wie eigentlich überall auf dem Hof. Ein Highlight ist für mich unser Weihnachtsfest im Innenhof, mit Glühwein und Lichterketten. Das sieht immer aus wie ein Winterwunderland aus dem Märchen."

dung auf diverse Kommoden im Ankleidezimmer und auf einen großen Schrank im Kinderzimmer zu verteilen. Leider ist im Eingangsbereich kein Platz für Jacken und Schuhe, deshalb müssen sie überall im Haus unterkommen. „So geht es mit vielen Dingen. Sie sind nie alle an einem Ort und meistens nicht da, wo sie gebraucht werden", erklärt Jenny.

Um an all diesen unterschiedlichen Lagerstätten Stauraum zu schaffen und Ordnung halten zu können, bat das Paar Isabella um Hilfe. Gemeinsam mit dem Ordnungscoach zogen die beiden zusätzliche Kleiderstangen und Böden in den großen Kleiderschrank in Karls Zimmer ein. So wurde weiterer Stauraum geschaffen. Schicke Körbe und eine

raffinierte und platzsparende Falttechnik sorgen nun dafür, dass sämtliche Kleidung gut sortiert und jederzeit griffbereit lagert. Dadurch haben Jenny und Jannik prompt zusätzlichen Stauraum gewonnen, in dem weitere Kleidung untergebracht werden kann. Und sogar etliche von Jennys geliebten Taschen haben nun in einer Schublade Platz. Ein offenes Regal ist mit Boxen gefüllt, in denen sich Erinnerungsstücke und Kosmetika befinden. Sogar Katze Jabba, die es sich früher hier immer auf den T-Shirts gemütlich machte, darf sich nun auf einem kuscheligen Fell auf einem der Regalböden zusammenrollen. Durch dieses System ist die Kleidung sinnvoller sortiert und untergebracht und es ist viel einfacher, sich an die neue Ordnung zu halten. Jennys Highlight: „Wir können dank der neuen Stangen nun fast all unsere Kleidung hängen. So kommt die Wäsche direkt von der Wäscheleine auf die Bügel und ab in den Schrank." Auch Karls Schrank hat Jenny mittlerweile neu geordnet. Das spart jede Menge Zeit, die früher für Suchen und Aufräumen anfiel. Und die lässt sich doch viel besser nutzen, um sich beispielsweise mit den Freunden auf einen Kaffee im Innenhof zu treffen.

LEBENS-MITTEL

Die aufgeplatzte Tüte Mehl, vier halbleere Packungen Knäckebrot, eine alte Dose Erbsen, die ständig im Weg steht: Nirgendwo lässt sich so leicht Chaos stiften wie im Vorratsschrank. Auch im Kühlschrank geht es drunter und drüber? Höchste Zeit, dass du Ordnung schaffst. Am besten gehst du Schrank für Schrank durch.

VON ANANAS BIS ZIMT

ORDNUNG IN KÜCHE & SPEISEKAMMER

ALLES, WAS GEKÜHLT WIRD

Ob Marmelade oder Aufschnitt, Getränke oder Gemüse, Reste vom gestrigen Dinner und der leckere Joghurt: Was im Kühlschrank lagert, ist leicht verderblich. Umso wichtiger, dass alle Lebensmittel **gut sichtbar und erreichbar** sind, damit sich nichts verstecken und heimlich Schimmel ansetzen kann. Eine neue Ordnung sorgt für den nötigen Überblick. Aber erst einmal heißt es, die Fächer zu leeren und alles zu entsorgen, was nicht mehr genießbar ist. Anschließend wischst du den gesamten Kühlschrank gründlich aus, bevor du ihn mit System wieder einräumst.

Wie in allen anderen Schränken auch, kategorisierst du die Lebensmittel. Getränke zu Getränken, Käse zu Käse, Dressings zu Senf und Mayonnaise. Um den Inhalt des Kühlschranks nicht nur übersichtlich, sondern auch hygienisch zu halten, räumst du die Lebensmittel in **durchsichtige Boxen** aus Kunststoff. Bestenfalls haben diese einen Deckel, damit du sie stapeln und den Platz im Kühlschrank maximal ausnutzen kannst. Diese Behälter sorgen nicht nur für eine Sortierung nach Kategorien, sie sind auch leicht zu reinigen, falls eine Flasche tropft oder etwas verdirbt. Außerdem musst du jetzt nur eine Kiste herausziehen, wenn du etwas brauchst, statt lange und umständlich zu räumen, um an das Glas Oliven ganz hinten in der Ecke zu gelangen. Natürlich bekommen die Kisten auf der Vorderseite **Label**, damit zweifelsfrei klar ist, was sich im Inneren verbirgt. Den Inhalt der Boxen sortierst du nach Haltbarkeitsdatum. Was zuerst

verbraucht werden muss, rückt nach vorne und die neuen Einkäufe reihen sich hinten ein. Verpackungen wie die von Aufschnitt beispielsweise lassen sich gut senkrecht einräumen. Das ist platzsparend und praktisch, wenn du das Lebensmittel der Wahl aus dem Behälter ziehen möchtest. Außerdem hast du mit der neuen Ordnung immer genau im Blick, was zur Neige geht und nachgekauft werden muss. Auch Gemüse wird von seiner Plastikverpackung befreit und landet in der passenden Box. Marmeladen, Soßen etc. sind übrigens auch auf einem Drehteller gut aufgehoben. Und hohe Behältnisse, wie etwa Milchkartons und Flaschen, finden ihren Platz in der Tür des Kühlschranks.

KNACKIGES GEMÜSE

*Salat welkt im Kühlschrank schnell. Wird er in etwas feuchtes Küchenpapier gewickelt, bleibt er **länger frisch**. Verlieren Radieschen oder Wurzeln ihren Biss, legt man sie für eine Weile in eine Schale mit Wasser. Schon bald sind sie wieder lecker-knackig.*

UNGEKÜHLT HALTBARES

Pasta und Kichererbsen, Tomatensuppe in der Dose und Kekse: Lebensmittel, die nicht gekühlt werden müssen, stapeln sich in Vorratsschränken. Ob hinter den Türen von Hoch- und Unterschränken oder in den Auszügen eines Apothekerschrankes. Schnell entsteht hier ein Durcheinander aus angebrochenen Tüten und Schachteln. Hier rieselt der Reis, dort bröselt der Zwieback, und dass hinter all dem Chaos eine abgelaufene Tüte mit Nüssen steckt, hat man längst vergessen. Besonders im **Apothekerschrank** bilden die Verpackungen wackelige Stapel,

leicht fällt etwas heraus. Außerdem geraten die Packungen, die in der Tiefe des Schranks lagern, leicht in Vergessenheit. Keine Frage, auch hier ist ein gutes Ordnungssystem dringend gefragt.

Bevor du dich aber ans Sortieren machst, räumst du zunächst den gesamten Schrank – und seine Nachbarn, wenn sie ebenfalls mit Vorräten befüllt sind – leer. Die Fächer werden sauber gewischt und die Lebensmittel nach verdorbenen oder abgelaufenen Tüten, Gläsern und Schachteln durchforstet. Doch statt jetzt alles geordnet wieder einzuräumen, füllst du trockene Nahrungsmittel in schöne, einheitliche Behälter um. Das sorgt nicht nur für Struktur und Style, sondern auch für mehr Platz in den Schränken. Außerdem sind die Lebensmittel so besser geschützt. Gläser in verschiedenen Höhen mit Schraub- oder Bügelverschluss funktionieren genauso wie eckige Kunststoffcontainer mit Deckel. Wichtig ist, dass die **Gefäße luftdicht verschlossen** sind und sich gut in den Auszügen und Fächern arrangieren lassen. Ein guter Tipp ist, mit hohen Gefäßen die Höhe des Regalfachs oder des Auszugs auszunutzen. So bringt man wesentlich mehr unter. Natürlich bekommen auch diese Container später Label – kennzeichne aber vorab das Produkt mit einem wasserfesten Stift, damit es nicht zu Verwechslungen kommt.

Jetzt sortierst du: Du liebst selbst gemischtes Müsli zum Frühstück? Dann stelle dir Samen, Flocken und Trockenfrüchte passend zusammen. Backzutaten, Pasta in unterschiedlichsten Formen, Linsen, Bulgur, Hirse und so weiter – wie immer stehen die Kategorien zusammen. In Auszügen und im Apothekerschrank haben diese Container prima nebeneinander Platz. In Schrankfächern und auf Regalbrettern müsstest du dagegen alles mühselig hin- und herschieben, um an hintere Gefäße zu gelangen. Deshalb landen sie hier in Kisten oder Körben. Diese kannst du wie Schubladen herausziehen und dann das gewünschte Lebensmittel

greifen. So hast du auch eine gute Übersicht darüber, was noch ausreichend vorhanden ist und welche Produkte du auf die Einkaufsliste setzen musst.

Kartonverpackungen, Dosen und Gläser dekantierst du natürlich nicht. Sie werden, wie die umgefüllten Lebensmittel auch, nach Kategorien sortiert und übersichtlich in Boxen verstaut in die Schrankfächer geräumt. Finden sie bei dir ihre Plätze in Auszügen, kannst du mit **Teleskop- oder Klemmstangen** für Struktur sorgen. Diese Ordnungshelfer lassen sich auf die passende Länge strecken und werden dann einfach in den Auszug geklemmt. So schaffst du klare Reihen und Dosen und Flaschen rutschen nicht.

WICHTIGE INFOS AUF DER PACKUNG

Etiketten sind natürlich praktisch. Aber auf einer Verpackung findest du noch ein paar Informationen, die wichtig sein können, das **Mindesthaltbarkeitsdatum** *(MHD) beispielsweise. Deshalb solltest du das ebenfalls auf dem neuen Behälter notieren – zum Beispiel mit einem wasserlöslichen Stift* *auf der Unterseite. Zubereitungsanweisungen und Mengenangaben kannst du ausschneiden und auf die Rück- oder Unterseite des Behälters kleben oder getrennt aufbewahren.*

TEE & GEWÜRZE

Produkte in kleinen Verpackungen, wie Gewürze und Teebeutel, gehen zwischen den großen Nachbarn im Schrank oft unter. Außerdem sind sie durch ihre Formate perfekt, um **Schubladen** zu füllen. Hier sind sie noch leichter griffbereit – ob für den ersten Becher Tee am Morgen oder das lecker gewürzte Mittagessen. Die Pappschachteln der Teebeutel nehmen allerdings unnötig Platz weg. Besser sind durchsichtige Organizer, in denen sich die einzelnen Teebeutel, nach Geschmacksrichtung und Farben sortiert, aufreihen lassen. Das sieht nicht nur schick aus, dieses System ist auch äußerst praktisch.

Auch die Gewürze bleiben nicht in ihren kleinen Dosen und Tütchen, sondern werden umgefüllt. Das ist hübsch und ordentlich und es rieseln keine Kräuter oder Pfefferkörner mehr aus den ursprünglichen Verpackungen. Ob Curry oder Kreuzkümmel, alle Gewürze erhalten **identische Gläser** mit Deckel. Hier sind die Beschriftungen ganz besonders wichtig. Es gibt spezielle Organizer, die die Gewürzgläser in den Schubladen arrangieren. Auch Klemmstangen halten stehende oder liegende Gläser schick und aufgeräumt am Platz. Wer seine Gewürze lieber im Schrank aufbewahrt, räumt sie entweder in einen flachen Container oder stapelt sie in einem speziellen Gewürzregal, das die Gläser im Schrank wie auf einer kleinen Treppe präsentiert.

OBST & GEMÜSE

Orangen, Bananen, Zwiebeln oder Kartoffeln – diverse Obst- und Gemüsesorten gehören nicht in den Kühlschrank. Doch statt sie in Netzen, Tüten und Plastikverpackungen herumliegen zu lassen, lagerst du sie am besten in **Körben**. Stehen diese in offenen Regalen, kann die Luft zirkulieren und die Produkte bleiben länger frisch. Körbe aus Metall sind in diesem Fall praktischer als Exemplare aus Naturmaterialien, denn falls doch einmal etwas schimmelt, sind sie problemlos und schnell gereinigt. Wenn möglich, nutze im Regal ruhig die Höhe und stapele zwei oder drei Körbe übereinander. Natürlich erhalten auch hier alle Behälter ihre schicken Etiketten.

DEKANTIEREN

Natürlich, Lebensmittel in neue Behälter umzufüllen, macht erst einmal Arbeit. Doch der Aufwand lohnt sich. In einheitlichen Gläsern oder Dosen sieht nicht nur alles viel schicker aus, es gibt noch weitere Vorteile:

- Papier- und dünne Plastiktüten reißen schnell ein, dann rieselt es heraus.
- Aus festen Containern lassen sich Mehl, Reis etc. wesentlich leichter entnehmen.
- Ist eine Verpackung erst einmal geöffnet, lässt sie sich nicht wieder luftdicht verschließen. Das schadet der Haltbarkeit.
- In durchsichtigen Containern sieht man schnell, ob man für Nachschub sorgen muss.
- Leidige Lebensmittelmotten haben in geöffneten Verpackungen wesentlich leichteres Spiel.

BACKSTOCK

Was, wenn nicht alles in den neuen Container passt und ein Rest in der Tüte bleibt? Dann lege dir doch in einer gesonderten Kiste einen kleinen **Vorrat** *an, einen sogenannten Backstock. Sobald sich ein Glas oder eine Dose leert, kannst du aus diesem Vorrat auffüllen.*

LEBENSMITTELMOTTEN

Wer sie einmal hat, wird sie nur schlecht wieder los: Lebensmittelmotten. Sie sind übrigens kein Zeichen von mangelnder Sauberkeit. Oft bringt man diese Schädlinge schon in der Verpackung aus dem Laden mit nach Hause. Weiße Fäden im Inneren oder am Äußeren von Verpackungen sind ein Zeichen, dass sich hier Lebensmittelmotten niedergelassen haben. Entdeckt man die Motten oder ihre Larven, ist der Fall eh klar. Um die Tierchen wieder loszuwerden, muss man unbedingt alle offenen und natürlich alle befallenen **Verpackungen entsorgen** und anschließend Schrank oder Regal ganz gründlich reinigen. In hartnäckigen Fällen helfen **Schlupfwespen**. Die Larven dieser winzigen, mit bloßem Auge kaum erkennbaren Insekten ernähren sich von den Eiern der Motten. Ist die Plage beseitigt, verabschieden sich die Schlupfwespen ganz unbemerkt ins Freie.

HARDWARE

Kochtöpfe, Rührschüsseln, Teller, Besteck: In den Schränken lagern nicht nur Lebensmittel, sondern auch etliche Utensilien. Bevor du diese jetzt aufräumst, nimmst du jedes Teil genau unter die Lupe. Du bewahrst das schicke Geschirr nur für besondere Gelegenheiten auf? Das ist doch viel zu schade. Zelebriere jede Mahlzeit mit deinen Lieblingstellern. Die alten, zerkratzten

Einzelstücke dürfen gehen – genauso wie das fünfte Kartoffelschälmesser und die Küchenmaschine, die du seit Jahren nicht benutzt hast. Zurück in die Schränke räumst du nur, was wirklich im Einsatz ist.

Schüsseln, Teller und Bretter lassen sich prima **stapeln**. Messer, Gabeln und Löffel dagegen sortierst du am besten in einen Besteckkasten, den du in einer Schublade nahe beim Geschirr aufbewahrst. Dicht beim Herd finden Kochutensilien einen Platz – also Pfannenwender, Rührlöffel und Co. Du kannst sie genauso **an einer Hakenleiste aufreihen** wie auch senkrecht in einem Gefäß aufbewahren oder in eine unterteilte Schublade einsortieren. Sperrige Einzelstücke dürfen gehen – genauso wie das fünfte Kartoffelschälmesser und die Küchenmaschine, die du seit Jahren nicht benutzt hast. Zurück in die Schränke räumst du nur, was wirklich im Einsatz ist.

Kochtöpfe und Pfannen nehmen weniger Platz ein, wenn du sie ineinander stapelst. Das funktioniert natürlich nur, wenn sie eine ähnliche Form haben und du die kleineren in die größeren Töpfe stellst. So sparst du Fläche und nutzt die Höhe deiner Schrankfächer gut aus. Zur Aufbewahrung von Deckeln gibt es praktische Gestelle, die man an die Innenseiten der Schranktüren befestigen kann. Und sämtliche Backutensilien sammelst du am besten in einer Box, die ihren Platz in einem Schrank findet.

ARBEITSPLATTE

In der Küche gilt für die Arbeitsplatte: Auf einem Drittel dürfen Geräte und Co. stehen, zwei Drittel aber müssen frei bleiben. So wirkt die Fläche nicht nur schön aufgeräumt, so hast du auch ausreichend **Platz, um zu arbeiten**. Küchenmaschinen, die nicht täglich im Einsatz sind, sollten also nach Möglichkeit in den Schränken verschwinden.

AUF DIE SCHNELLE

- **Aussortieren:** Alles, was nicht mehr haltbar ist, sortierst du aus.

- **Dekantieren:** Trockene, lose Lebensmittel wandern in Vorratsgläser oder andere Container – von Linsen über Zucker bis hin zu Keksen.

- **Labeln:** Sämtliche umgefüllte Lebensmittel versiehst du mit Etiketten. Das gilt auch für Boxen und Körbe.

KOSMETIKA & KÖRPER-PFLEGE

Gerade morgens muss es schnell gehen im Bad. Duschen, anziehen, schminken ... und die Kinder müssen vor der Schule noch schnell die Zähne putzen. Blöd, wenn du in diesen hektischen Momenten auch noch auf die Suche nach einem sauberen Handtuch oder einer Bürste gehen musst. Sorge lieber dafür, dass alles einen festen Platz hat.

SAUBERE SACHE

BADUTENSILIEN & MEDIKAMENTE GUT VERSTAUT

KOSMETIKA & CO.

Am Anfang steht, wie sonst auch, das große Ausmisten. Alle Tuben, Tiegel, Flaschen und Dosen werden genau unter die Lupe genommen. Alte Zahnbürsten, leere Shampooflaschen, seit Jahren nicht benutzter Lidschatten – alles, was nicht mehr im Einsatz ist, landet im Mülleimer. Auch Kosmetika haben eine **Mindesthaltbarkeit**. Auf den Verpackungen steht aber in der Regel kein konkretes Datum, stattdessen findest du dort ein kleines Tiegel-Symbol aufgedruckt. Die Zahl darin gibt an, wie viele Monate nach Öffnung dieses Produkt haltbar ist.
Ungeöffnete Lotionen, unbenutzte Seifen und alles andere, was neu ist und dir nun vielleicht doch nicht mehr gefällt, musst du nicht entsorgen: Verschenke sie doch lieber an jemanden, der sie gern benutzt.
Ist alles aussortiert, putzt du die Schränke und Regale noch schnell. Und dann geht es ans Kategorisieren: Duschgel zu Shampoo, Mundwasser zu Zahnpasta, Haarspray zu Wachs und Gel. Dein Make-up teilst du am besten in zwei Gruppen auf:

1 Alles, was du täglich brauchst, sollte in der Nähe von Waschtisch und Spiegel untergebracht werden.

2 Die Dinge, die nicht ständig zum Einsatz kommen, dürfen ruhig weiter weg verstaut werden, beispielsweise in einem hübschen Schminktisch.

Halte die **Fläche rund um den Waschtisch** so clean und aufgeräumt wie möglich.

Natürlich kannst du dort einen hübschen Parfümflakon ausstellen oder einen stylishen Seifenspender platzieren. Alles andere verschwindet für den aufgeräumten Look aber besser in Schubladen und Schränken. Das sieht nicht nur gut aus, so lässt sich das Badezimmer auch leichter sauber machen. Bietet der Waschtisch selbst Stauraum? Perfekt, dann ist hier Platz für die täglichen Dinge. Neben Make-up sind das auch Zahnputzutensilien, Bürste, Kamm etc. Alles, was nicht so oft zum Einsatz kommt, räumst du in Schränke. Kleinteilige Dinge sollten nicht lose in Schubladen liegen, denn so entsteht leicht Tohuwabohu. Die besten Ordnungshelfer für Tuben, Tiegel und Stifte sind Organizer, in deren Fächern du dein Hab und Gut verstauen kannst. Alles, was zu groß ist, um hier unterzukommen, landet in Boxen und Körben. Das gilt auch für Flaschen, die im Stehen gelagert werden müssen, um nicht auszulaufen. In offenen Regalen sind geschlossene Boxen eine gute Lösung – natürlich gelabelt. So wirkt es schick und ordentlich.
Duschgel- und Shampooflaschen, die aktuell in Benutzung sind, gehören in die Dusche. Hierfür gibt es **Utensilos und Mini-Regale** in unterschiedlichsten Ausführungen. Wer keine Löcher bohren möchte, kann auf Exemplare mit Saugnäpfen zurückgreifen. Auch rund um die Badewanne lässt sich

so eine Ablage für Badezusätze und Luffaschwamm installieren.

FESCHE FLASCHEN

*Wer mag, dekantiert Duschgel, Shampoo, Badeschaum und Flüssigseife in **einheitliche Flaschen**. Viele Hersteller bieten für die einfache Dosierung Behälter mit Pumpspender an. Gefäße aus Glas sind nachhaltiger und schicker, die aus Kunststoff allerdings wesentlich sicherer, wenn Kinder im Haushalt leben.*

MEDIKAMENTE

Bei Medikamenten ist es besonders wichtig, Abgelaufenes zu entsorgen. Wirf einen genauen Blick auf all die Flaschen und Blisterpackungen und sortiere aus, was nicht mehr haltbar ist. Danach kategorisierst du die Medikamente – zum Beispiel gegen Schmerzen, Verdauungsprobleme, Entzündungen etc. Vielleicht ist für dich aber auch ein anderes System, etwa alphabetisch, passender. Deine Kategorien werden in passenden Behältern in einen Schrank oder auch direkt in einen Medizinschrank einsortiert. Wichtig ist, dass die Medikamente **für Kinder absolut unzugänglich** sind. Also entweder sehr weit oben im Raum oder hinter abschließbaren Türen aufbewahren!

HANDTÜCHER

Ob Badetuch oder Waschlappen, Handtücher sollten im Badezimmer verstaut werden und nicht anderswo in der Wohnung. Du kannst sie natürlich ganz klassisch in den Schrankfächern stapeln, aber auch vertikal falten (s. S. 42) und in Körben aufbewahren. Alternativ dazu rollst du die Frotteeware auf und **arrangierst sie in Körben** oder auf Regalen. Gerade im Gäste-WC ist es praktisch, einen Korb mit Gästehandtüchern in der Nähe des Waschbeckens aufzustellen. Egal, ob du faltest oder rollst, wenn du die Außenkanten einschlägst, sieht das Ergebnis hübscher aus.

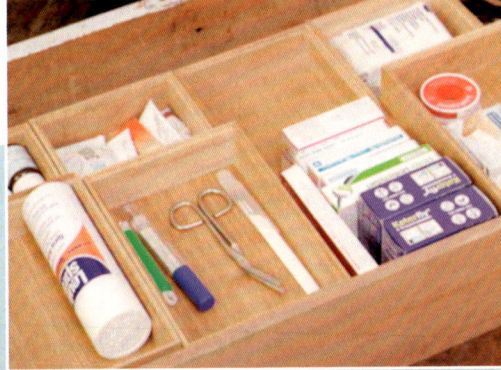

AUF DIE SCHNELLE

- Achte auf die Haltbarkeit! Bei **Medikamenten** ist ein Verfallsdatum aufgedruckt.

- Bei **Kosmetikartikeln** ist kein Datum, sondern eine Zahl angegeben. Diese bezieht sich auf die Monate nach Öffnung. Im Zweifelsfall notierst du auf der Packung, wann du sie geöffnet hast.

- Sortiere aus und verschenke oder spende noch **ungeöffnete Lotionen und Cremes**.

PAPIERKRAM & HOME-OFFICE

Manche haben sich eine Nische eingerichtet, in der sie Dokumente aufbewahren und Papierkram erledigen. Andere arbeiten in Vollzeit im Homeoffice und brauchen einen gut eingerichteten Schreibtisch. Und wieder andere liegen irgendwo dazwischen. Für alle gilt: Ein gutes Ordnungssystem schafft nicht nur Platz auf dem Schreibtisch, sondern sorgt auch dafür, dass die Arbeit leichter und effektiver von der Hand geht.

BLATT FÜR BLATT

ALLES ABGEHEFTET IM HOMEOFFICE

PAPIERE

Wohin damit? Ach, erst mal hier ablegen. Auf dem Esstisch sammeln sich oft etliche Papiere. Rechnungen, Benachrichtigungen, Infos aus der Schule und dem Kindergarten, Einladungen … So bilden sich in Windeseile unsortierte Häufchen, die dann irgendwann auf den Schreibtisch weiterwandern. Dort wiederum gehen einige unter, womöglich werden Deadlines und Termine verpasst. Was also tun gegen **Papierchaos und Zettelwirtschaft**? Der Weg zur Ordnung beginnt auch hier damit, alles zusammenzutragen. All die Papiere, die sich auf Sideboards und in Regalen, auf Tischen und sonstigen Ablageflächen angesammelt haben. Liegt alles auf einem Haufen, geht es ans Sortieren. Werbung und alte Zeitschriften wandern ins Altpapier, alte Einladungen oder längst vergangene Terminankündigungen aus Schule und Kindergarten ebenso. Alle wichtigen Dokumente werden natürlich aufbewahrt und abgeheftet. Wie sonst auch, sortierst du hier nach Kategorien. Diese könnten etwa grob in „privat" und „beruflich" aufgeteilt werden.

Unter **„privat"** fallen beispielsweise:

- Ausweise, Geburtsurkunden
- Versicherungen
- Unterlagen rund um die Kinder
- Unterlagen rund um Haus oder Wohnung
- Bankdokumente
- Unterlagen zu Mitgliedschaften
- Unterlagen zum Auto
- Rechnungen und Verträge für Telefon und Handy
- Kassenbelege
- Gebrauchsanleitungen und Garantien
- Unterlagen rund um Hund und Katze

Zu **„beruflich"** zählen zum Beispiel

- Arbeitsverträge
- Gehaltsabrechnungen
- Steuerunterlagen
- Unterlagen rund um den Dienstwagen
- Rentenversicherungsbescheide
- Unterlagen rund um die Altersvorsorge
- Arbeitszeugnisse

Ob jede Kategorie einen eigenen Ordner erhält oder ob einige von ihnen in Gruppen (übersichtlich wird es mit beschrifteten Trennstreifen) abgeheftet werden, hängt von der Menge der Papiere und der eigenen Vorliebe ab. Wichtig ist, dass auch die **Unterlagen jedes Themas** sortiert sind. Du könntest sie zum Beispiel alphabetisch oder chronologisch abheften. Jeder entscheidet selbst, was ihm gefällt.

Alles, was nicht gelocht und abgeheftet werden kann, landet in Stehsammlern. Dazu zählen zum Beispiel auch Ausgaben von Zeitschriften, die unbedingt aufbewahrt werden sollen, leere Mappen etc. Natürlich kannst du deine alten Ordner und Stehsammler behalten. Aufgeräumter und schicker aber wird es, wenn sämtliche Ordnungshelfer die **gleiche Optik** haben. Hier lohnt es sich, in identische und stylishe Exemplare zu investieren. Denn wenn alle in Reih und Glied im Regal stehen, sieht das nicht nur ruhig und aufgeräumt aus, sondern auch richtig schick. Das steigert doch gleich die Lust aufs Ablegen.

WIE LANGE AUFHEBEN?

Beim Aussortieren der gesammelten Unterlagen stellt sich eine wichtige Frage: Wie lange muss man Papiere eigentlich aufbewahren? Die Antwort lautet: Das kommt darauf an.

Für immer: Wichtige Urkunden, wie etwa Geburts-, Heirats-, Scheidungs- und Sterbeurkunden, müssen unbedingt gut aufbewahrt werden – für immer. Das gilt auch für Personalausweise (natürlich nur für die gültigen Exemplare), Sozialversicherungsausweise, Testamente, Erbscheine und Schulabschlusszeugnisse. Auch Renten- und Sozialversicherungsunterlagen dürfen nie entsorgt werden. Die Unterlagen über die Altersvorsorge enthalten oft Informationen für die Hinterbliebenen und sind deshalb auch über den Tod hinaus noch wichtig. Auch Auszüge aus dem Kirchenbuch (z.B. Tauf- und Konfirmationsurkunden) sollten aufbewahrt werden.

Einige Jahre: Bei Steuerunterlagen gibt es ganz unterschiedliche Regeln: Spendenbelege müssen beispielsweise bis 1 Jahr nach Steuerbescheid aufgehoben werden, Belege über Vermietungen dagegen 10 Jahre. Der Steuerbescheid muss sogar 11 Jahre aufbewahrt werden. Der Einfachheit halber könntest du dich bei allen Steuerunterlagen an die 11-Jahre-Regel halten. Arbeitsverträge können im Prinzip entsorgt werden, sobald du den Job wechselst oder in Rente gehst. Versicherungspolicen musst du noch 3 Jahre nach Ablauf aufbewahren, die einer Lebensversicherung dagegen bis über den Tod hinaus. Handwerkerrechnungen bleiben 5 Jahre im Ordner, im Falle von Vermietungen 10 Jahre. Kontoauszüge, Kassenbelege und Rechnungen solltest du 3 Jahre lang aufbewahren – bei wertvollen Objekten aber besser so lange, wie sie sich in deinem Besitz befinden.

DIGITAL AUFBEWAHREN

Ob Banking oder Musik – vieles läuft heutzutage digital. Kein Wunder, dass viele Menschen auch ihre Dokumente lieber auf diesem Wege archivieren, statt meterweise Aktenordner im Homeoffice stehen zu haben. Bevor du jetzt anfängst, Unterlagen zu scannen oder abzufotografieren, musst du dir allerdings überlegen, wo du die Dokumente ablegen möchtest. Eine **Festplatte** ist sicher vor Hackerangriffen oder Datenmissbrauch durch andere. Du kannst sie bei dir zuhause lagern, solltest aber auch ein weiteres Exemplar an einem anderen sicheren Ort deponieren. Nachteil: Ist die Festplatte kaputt, sind die Daten unwiederbringlich verloren. In einer **Cloud** dagegen werden die Dateien auf einem Server

gespeichert, nicht auf einer Festplatte. Der Vorteil: Du hast von jedem Endgerät aus Zugriff und deine Daten werden automatisch synchronisiert. Doch natürlich kann hier niemand die absolute Sicherheit garantieren. Und wenn die Anbieter wie so oft nicht in Deutschland sitzen, greift auch das deutsche Datenschutzrecht nicht.

Egal, ob auf der Festplatte oder in der Cloud: Das System der digitalen Ablage funktioniert genauso wie bei den Papierstapeln. Du legst dir quasi eine digitale Ordnerwelt an und sortierst deine Dokumente auch hier nach Kategorien.

AUF NUMMER SICHER

*Manche Papierunterlagen lassen sich nicht digital ablegen. Personalausweise und wichtige Urkunden zum Beispiel zählen zu den wichtigsten Dokumenten überhaupt. Wer sie ganz sicher aufbewahren möchte, verschließt sie in einer **wasser- und feuerfesten Kassette**.*

ALLES, WAS INS HAUS FLATTERT

Täglich kommen Rechnungen, Einladungen, Infozettel ins Haus geflattert. Damit sich nicht alles wahllos überall verteilt und manches verloren geht, um erst viele Wochen später per Zufall wiedergefunden zu werden, braucht es eine Sammelstelle: die **Paper Station**. Diesen Korb oder die Schale stellst du am besten in der Nähe der Eingangstür auf. Sobald jemand mit einem Papier in der Hand durch die Tür kommt, egal ob frisch aus dem Briefkasten geangelt oder aus dem Schulranzen gezogen, landet diese Unterlage in der Paper Station. Einmal in der Woche, am besten an einem festen Tag, knüpfst du dir den Stapel vor. Was muss abgeheftet werden? Was muss bezahlt werden? Was muss bearbeitet werden? Dein Job ist erledigt, wenn die Paper Station wieder leer an ihren Platz zurückgebracht werden kann.

Alternativ kannst du eine **Mappe** bereit legen, die in unterschiedliche Fächer aufgeteilt ist. Ein Fach für Rechnungen, eines für die Schule, eines für Veranstaltungen und Einladungen … So hast du gleich im Blick, was eingetrudelt ist, und sortierst die Unterlagen schon einmal vor.

Alternativ dazu entscheidest du dich für ein simples, aber praktisches **Ablagesystem** auf dem Schreibtisch. Alles, was du dafür brauchst, sind zwei Ablagekörbe, die du übereinanderstapelst. Oben liegen die Papiere, die du noch bearbeiten musst: Formulare, die darauf warten, ausgefüllt zu werden, Rechnungen, die bezahlt werden müssen, etc. Erledigst du eine dieser Aufgaben, landet das Papier im unteren Fach. Hier sammelt sich alles, was in den Ordnern verschwinden soll und nur darauf wartet, dass du Zeit dafür hast. Du kannst natürlich auch beide Hacks miteinander kombinieren: Was aus der Paper Station erledigt wurde oder einfach nur abgeheftet werden muss, landet in dem entsprechenden Ablagekorb auf dem Schreibtisch. Probiere aus, was für dich am besten passt.

ARBEITSMATERIALIEN

Natürlich sind bedruckte Zettel nicht alles, was im Homeoffice geordnet werden muss. Stifte und Scheren, Lineale und Büroklammern, Klebstoff und Radiergummis,

Heftstreifen und Locher: In Schubladen, in Regalen und auf dem Schreibtisch fliegt so einiges herum. **Utensilos** verwahren, was du auf der Arbeitsfläche brauchst, also ein paar Stifte, vielleicht noch eine Schere und ein Radiergummi. Alles andere verschwindet in **flachen Organizern** in den Schubladen deiner Work Station – und zwar ordentlich sortiert. Ist in den Schubladen nicht genug Platz, kannst du diese Dinge auch in praktischen Mini-Kommoden aufbewahren, die du ins Regal stellst. Es gibt sie mit kleinen Fächern für beispielsweise Kleberoller und Visitenkarten, aber auch mit größeren, flacheren Kisten. In diese sortierst du beispielsweise Papier für den Drucker oder leere Hefter und Klarsichthüllen. So ein aufgeräumtes

Homeoffice hat einige Vorteile: Du findest schnell, was du suchst und kannst sofort mit der Arbeit loslegen. Papier alle? Kein Problem, in einem ordentlichen System siehst du, wenn die Verbrauchsmaterialien zur Neige gehen, und kannst rechtzeitig neue besorgen. Und natürlich macht es einfach viel mehr Spaß, in einer schicken Umgebung zu arbeiten.

MOBILES BÜRO

Du hast keinen Raum für einen richtigen Arbeitsplatz und brauchst vielleicht auch nur ganz selten einen solchen? Dann richte dir ein mobiles Büro ein, das nur dann zum Vorschein kommt, wenn es gebraucht wird. **In einem Korb oder einer Kiste** *legst du deine Arbeitsutensilien samt Laptop, Ordnern und wichtigen Unterlagen parat. Dieses Mini-Homeoffice kannst du bei Bedarf schnell beispielsweise im Wohnzimmer aufbauen und anschließend genauso schnell wieder verstauen.*

AUF DIE SCHNELLE

- Richte eine **Paper Station** ein. Als erste Anlaufstelle für Papiere sollte sie sich im Eingangsbereich befinden.

- Halte **Ablagekörbe** bereit für die Aufbewahrung nach der ersten Durchsicht und Bearbeitung.

- Besorge dir optisch einheitliche **Ordner**, das lässt das Regal, in dem sie stehen, gleich viel aufgeräumter wirken.

TECHNIK

Fernseher, Spielekonsole, Receiver ... In fast jedem Wohnzimmer gibt es eine Ecke, in der es vor Technik und vor allem vor Kabeln nur so wimmelt. Die Geräte sehen nicht besonders hübsch aus und sind auch oft im Weg. Gut, wenn man die ganze Technik unsichtbar verstaut hat!

KEIN KABELSALAT

DIE TECHNIK UNSICHTBAR MACHEN

LAPTOP & DRUCKER

Aufgeräumter Schreibtisch, aufgeräumte Gedanken. Klingt merkwürdig, ist aber erprobt. Wenn du ausreichend Platz auf der ordentlichen Arbeitsfläche hast, kannst du besser denken und deinen Job erledigen. Deshalb sollten höchstens **Laptop, Tastatur und Bildschirm** auf dem Tisch stehen. Der Drucker verschwindet optimalerweise im Regal oder auf einem kleinen Beistelltisch. Auch die Plottermaschine und der Scanner sollten Platz im Regal finden. Hast du ein eigenes Arbeitszimmer, kannst du nach Feierabend einfach die Tür schließen. Ist dein Büro aber in einer Nische im Wohn- oder Schlafzimmer eingerichtet, ist es wichtig, dass dein Blick in der Freizeit nicht ständig darauf fällt. Deshalb solltest du deinen Laptop nach Feierabend immer zuklappen und am besten mit Tablet und Co. in einer Schublade verstauen. Auch in einer schicken Kiste im Regal ist Platz für diese Technik.

ROUTER

Schick ist er ja nicht gerade, so ein Router. Notwendig aber leider schon, will man über das Internet die große weite Welt ins heimische Zuhause holen. Wer ihn nicht neben dem Sicherungskasten an die Wand hängen möchte, versteckt ihn besser. Platz findet er zum Beispiel **im Flurschrank oder in der TV-Konsole** im Wohnzimmer – vorausgesetzt, das Möbel hat geschlossene Fronten. Auch im Regal lässt sich der Router unsichtbar machen, indem man ihn beispielsweise hinter Bücher oder Dekoartikel schiebt oder in ein Körbchen legt. Ein **Korb mit Deckel** ist ebenfalls ein gutes Versteck für den Router, wenn er auf der Kommode steht. Vielleicht ist auch Platz in deren Schubladen? Es gibt viele Möglichkeiten, diese Geräte samt Kabel verschwinden zu lassen. Wichtig ist allerdings, das Versteck so zentral zu wählen, dass der Router per Funk Verbindungen zu all seinen Partnergeräten aufnehmen kann.

SPIELEKONSOLE & RECEIVER

Man muss schon ein leidenschaftlicher Gamer sein, um den Blick auf die **Spielekonsole** zu lieben. Steht sie im Wohnzimmer in der Nähe des Fernsehers, stört sie optisch meist einfach nur. Versuche, sie hinter geschlossenen Türen zu verstecken. Holst du die Konsole nur gelegentlich hervor, um eine Runde zu spielen, kannst du sie in der Zwischenzeit in einer Kiste verstauen, in der auch das Zubehör Platz findet.

Auch der **Receiver** kann ein Dorn im Auge sein. Um ihn zu verstecken, gibt es einen besonderen Trick: Trenne aus einem alten gebundenen Buch die Seiten heraus und lege die **leeren Buchdeckel** um den Receiver. Ist das Gerät dafür zu breit, versteckst du es hinter zwei Covern. Zu den quer im Regal oder Sideboard liegenden Tarn-Büchern legst du noch einige weitere, unversehrte Exemplare dazu – und fertig.

FERNBEDIENUNGEN BÜNDELN

Ob Receiver, Hi-Fi-Anlage oder Fernseher – für jedes technische Gerät zieht auch eine Fernbedienung mit ein. Da kommt auf dem TV-Regal oder dem Couchtisch mitunter eine stattliche Sammlung zustande. Und die nimmt nicht nur Platz weg, die Vielzahl an Fernbedienungen ist auch verwirrend. Gut, dass es eine für alle Geräte gibt: Mit einer einzigen **Universalfernbedienung** *kannst du dein Heimkino genauso steuern wie die Stereo-Anlage.*

KABEL

Drucker, Rechner, Arbeitsleuchte, LAN-Verbindung: Unter dem Schreibtisch herrscht Kabelsalat. Ein ähnliches Bild zeigt sich im Wohnzimmer, denn auch hier hängt alles an Kabeln. Wer das Durcheinander minimieren möchte, entscheidet sich für Geräte, die per Bluetooth funktionieren. Die paar restlichen Kabel werden einfach zusammengefasst. Doch bevor man sich daran macht, sie für die Aufräumaktion aus- und wieder einzustecken, werden die Kabel **beschriftet**. Ein kleines Label-Gerät druckt die Etiketten mit der Wunschbeschriftung aus, aber auch etwas Masking Tape und ein Fineliner können diese Aufgabe erfüllen. Erst wenn jedes Kabel zugeordnet ist, werden alle gemeinsam in einem **Kabelkanal** verstaut. Es gibt flexible Exemplare, in die man sämtliche Kabel einfach hineinklemmt.

Und was ist mit den Kabeln, die in Kisten und Schubladen auf ihren Einsatz warten? Hier wird gründlich ausgemistet. Oft weiß man überhaupt nicht mehr, für welche Geräte die alten Dinger einmal gedacht waren. Ein Grundstock an unterschiedlichen Kabeln reicht, der Rest geht. Die Exemplare, die bleiben, wickelst du lose auf und hältst sie mit Klebeband oder Kabelbinder zusammen. Und dann werden sie in einer beschrifteten Box aufbewahrt, bis sie gebraucht werden.

AUF DIE SCHNELLE

- Den **Router** verstaust du in einem hübschen Korb oder versteckst ihn hinter Dekoration im Regal.

- **Receiver und Spielekonsole** finden einen bequemen und hübschen Platz in „ausgehöhlten" Büchern.

- Sämtliche **Kabel** fasst du mit einem flexiblen Kabelkanal zu einem dicken Strang zusammen.

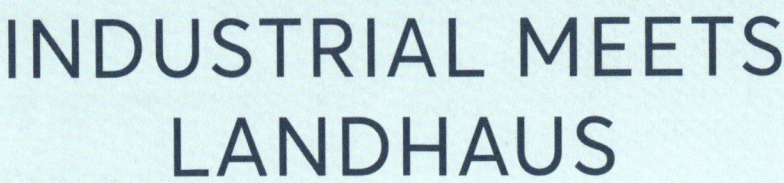

INDUSTRIAL MEETS LANDHAUS

Julia & Robin haben ein Händchen für den coolen Look

Auf die kleinen Dinge kommt es an, auch beim Einrichten, denn liebevolle Details machen eine Wohnung erst zu einem richtigen Zuhause. Wie bei Robin und Julia Schwaupa. Das Paar lebt in einer großzügigen Wohnung in Moers. Klare Linien, ein offener Grundriss und viele Fenster – alles ist hell und freundlich. Das absolute Highlight ist die große Dachterrasse, in die sich Julia und Robin sofort verliebt haben. Die sonnigen 18 Quadratmeter mit weitem Ausblick sind auch bei den beiden Katern sehr beliebt. Letzten Endes aber ist es die Einrichtung mit einem Auge für das Detail, die die Wohnung zu etwas Besonderem macht, zu einem coolen Loft mit Wohlfühlcharakter.

Ihr Arbeitszimmer hat Julia, die unter dem Pseudonym „Julie Fleur" Liebesromane schreibt, ganz zurückhaltend in schlichtem Weiß gehalten. In dieser ruhigen Umgebung können die kreativen Gedanken ungehindert sprudeln. Der Rest der Wohnung aber trägt eine ganz eigene Handschrift: Über die Rückwand der Küche und des Essbereichs zieht sich eine unverputzte Backsteinwand – als Tapete. Zu diesem rauen Flair passen die Küchenschränke in mattem Schwarz perfekt. Auch Esstischstühle und Couch fügen sich in Braun und Dunkelgrau in das Farbschema ein. Rustikales Holz, etwa in Form der Tisch- und Arbeitsplatten, sorgt für Natur und Gemütlichkeit. Julia bringt es auf den Punkt: „Wir lieben einen Mix aus Landhaus und Industrial-Style."

Viele, manchmal augenzwinkernde Details unterstützen das coole Flair der Wohnung. An der Wand hinter dem Fernseher beispielsweise prangt in großen, rostig angehauchten Buchstaben das Wort „Cinema". So ist das Heimkino perfekt in Szene gesetzt. An der gegenüberliegenden Wand dagegen steht schön romantisch eine Kamineinfassung – allerdings ohne Feuerstelle. Ganz ohne funktionierendes Innenleben macht sie sich als Sideboard nützlich und bringt Landhausflair ins Loft. Lichterketten sorgen für Gemütlichkeit, ebenso wie das Sammelsurium unterschiedlichster Kerzenständer aus Messing auf dem Esstisch.
Fotos sind für Julia und Robin schöne Erinnerungsstücke, die sie immer im Blick haben möchten. Keine Frage also, dass sie in verschiedensten Rahmen überall ausgestellt sind. Die Polaroid-Fotos der Verlobungsfeier hat das Paar ganz besonders in Szene gesetzt: an einer Schnur baumelnd, mit Wäscheklammern aus Holz befestigt.

In einem so durchdacht eingerichteten Zuhause ist Ordnung kein Problem, könnte man meinen. Der begrenzte Stauraum in der Küche sorgt allerdings schnell für Chaos in den Schubladen. Und auch in Robins Arbeitszimmer, das gleichzeitig als Gäste- und Musikzimmer dient, fehlen ein roter Faden und eine gute Möglichkeit, Papiere abzulegen. Weil Robin in seiner Freizeit Hip Hop macht, müssen hier außerdem all die Effektgeräte, Mikrofone, Kabel und Co. untergebracht werden. „Robin macht das Chaos und ich räume es dann wieder auf", lacht Julia. Um das Durcheinander gar nicht erst entstehen zu lassen, riefen die beiden Kreativen Isabella zu Hilfe.

Für beide Räume hatte die Aufräumfachfrau gute Lösungen parat. In der Küche wurden alle trockenen Lebensmittel in platzsparende, praktische Container umgefüllt: So wird der zur Verfügung stehende Stauraum wesentlich effektiver genutzt. Trennstangen sorgen dafür, dass alle anderen Packungen nicht mehr durcheinander fliegen, und Label zeigen, was wohin gehört. „Die Beschriftung macht es uns leicht, die Ordnung dauerhaft beizubehalten", meint Julia. Ihrem Mann half Isabella, seine Papierstapel zu sortieren und ein durchdachtes Ablagesystem einzurichten, unterstützt von schicken Boxen und Ordnern. Die elektronischen Geräte sind auf einem Gaming-Tisch gut untergebracht. Und für die Atmosphäre erhielt eine Wand eine Tapete im lässigen Beton-Look. So fügt sich jetzt auch dieses Zimmer in den besonderen Stil der Wohnung ein.

BÜCHER & ANDERE MEDIEN

Man muss keine ausgeprägte Leseratte sein, um Bücher zu besitzen. Das eine oder andere Kochbuch findet sich wohl in jedem Haushalt. Dazu ein paar Romane, vielleicht noch ein, zwei Krimis, einige Sachbücher – und schon könnte man ein Regal füllen. Bei Leseratten ist diese Bücherschwemme natürlich wesentlich ausgeprägter. Ordnung bedarf eine Bibliothek aber auf jeden Fall, egal wie groß oder klein sie ist.

SEITENWEISE

BÜCHER, MUSIK & CO. WERDEN ZUR BIBLIOTHEK

WOHIN MIT DEM LESESTOFF?

Bücher stapeln sich neben dem Bett, im Kinderzimmer, im Wohnzimmer, in der Küche und natürlich auch im Arbeitszimmer. Doch ist hier wirklich überall Platz für die mal mehr, mal weniger dicken Bände? Wer seine Bibliothek ordnen und sortieren möchte, sollte sich zunächst eine ganz grundsätzliche Frage stellen: Sollen all die Titel **ein großes Regal** füllen oder bewahre ich Schmöker, Kochbücher und den Steuerratgeber lieber genau dort auf, wo sie gebraucht werden?

Wer die Bücher dort platziert, wo er sie liest, muss nicht weit laufen und auch nicht lange suchen, wenn er eine Gute-Nacht-Lektüre, ein Blaubeerkuchen-Rezept oder Infos zum steuerlichen Absetzen von Handwerkerrechnungen braucht. Der dicke Schmöker am Bett ist genauso stets griffbereit wie das Fachbuch am Schreibtisch. Das bedeutet aber auch, dass **in all den Räumen**, in denen sie gelesen werden, Platz sein muss für Bücher.

So könnte es funktionieren: Im Homeoffice steht bestimmt längst ein Regal, im Wohnzimmer auch. Im einen reihen sich die Fachbücher, im anderen die Bildbände, Sachbücher und all die Krimis und Romane, die im Schlafzimmer keinen Platz finden. In der Küche reicht vermutlich ein kleines Hängeregal, um die Koch- und Backbücher aufzunehmen. Und auch im Schlafzimmer bietet ein Hängeregal Raum für die Lieblingsschmöker. Die Leselust ist groß und der Platz im Schlafzimmer ebenfalls? Dann darf es natürlich auch ein amtliches Bücherregal sein. Egal, wie groß oder klein die Regale in den einzelnen Räumen sind, ob sie hängen oder stehen: Wichtig ist, dass sie sämtlichen Titeln Platz bieten. Denn wer Ordnung in seinen Lesestoff bringen möchte, muss Stapelbildung unbedingt vermeiden.

Die Alternative zu einzelnen, in den Räumen verteilten Regalen ist eine **zentrale Bibliothek** für sämtliche gedruckte Werke im Haushalt. Ein guter Platz dafür ist das Wohnzimmer, denn hier gibt es die bequemsten Sitzgelegenheiten zum Schmökern. Außerdem verleiht eine gut geordnete Bücherwand dem Raum eine gemütliche, wohnliche Note. Wenn hier der Platz fehlt, funktioniert eine Bibliothek aber auch im Esszimmer oder selbst in einem großen, geräumigen Flur. Wo auch immer du deine Bücherregale aufstellst, mit der richtigen Ordnung werden sie zu wahren Schmuckstücken.

BÜCHER SORTIEREN

Wie immer heißt es auch hier: Erst einmal alles zusammentragen, und zwar aus wirklich allen Zimmern und Ecken. Im Laufe der Jahre haben sich bestimmt einige Bücher angesammelt, die dich heute nicht mehr interessieren. Dann weg damit: Es finden sich garantiert begeisterte Leser, die diese Schmöker verschlingen. Es lohnt sich nicht, die aussortierten Bücher zu verkaufen? Dann informiere dich doch, ob es irgendwo in deiner Nähe eine **Büchertauschbörse** gibt – in einer ausrangierten Telefonzelle beispielsweise.

Ist alles gestapelt, was weggegeben wird, kategorisierst du den Rest. Da gibt es einige Möglichkeiten:

Nach Genre: Romane, Gedichte, Kunstbände, Kochbücher, Krimis und Thriller, Biografien … Diese Sortierung macht Sinn, wenn du eine Menge Lesestoff hast, weil du so eine gute grobe Orientierung bekommst.

Nach Themen: Finanzielles, Eisenbahn, Garten, DIY … Hast du eine Menge Sachbücher, kannst du sie prima nach unterschiedlichen Topics sortieren.

Nach Sprachen: Diese Sortierung ist hilfreich für all diejenigen, die nicht nur Titel auf Deutsch, sondern auch Bücher in anderen Sprachen lesen.

Nach Farben: Lass dein Bücherregal wie einen Regenbogen leuchten. Was zuerst etwas merkwürdig erscheinen mag, ist ein echter Hingucker. Und im Handumdrehen kehrt in deinem Bücherregal optisch Ruhe ein.

Alphabetisch: Natürlich kannst du deine Bücher alphabetisch nach dem Namen

des Autors oder nach Buchtitel sortieren. Diese Methode bietet sich an, wenn du deinen Lesestoff gut kennst und Namen immer im Kopf hast.

Chronologisch: Die ganz alten Schmöker nach links, die druckfrischen nach rechts: Gerade, wenn man eine nicht allzu große Sammlung von Romanen oder Comics hat, kann eine Sortierung nach Alter ganz praktisch sein. Wer einige Bücher besitzt, aber noch nicht alle gelesen hat, könnte auch nach „gelesen" und „ungelesen" trennen.

Natürlich lassen sich diese **Kategorien auch verbinden**. Besonders in einer umfangreichen Büchersammlung macht es Sinn, innerhalb der Genres oder Themen noch einmal alphabetisch oder auch nach Farben zu organisieren. Es ist überraschend, wie gut manche Leseratten die Cover im Kopf haben und deshalb intuitiv nach der richtigen Farbe greifen, wenn sie einen Titel suchen. Welches System funktioniert für dich am besten?

Egal, für welche Variante du dich entscheidest, es gibt einen Trick, mit dem du dir das Einsortieren leicht machst: Schreibe deine Kategorien auf Klebezettel und markiere so die noch leeren Regalbretter. Wird eine Reihe nicht ganz gefüllt, sorgen Buchstützen dafür, dass nicht sämtliche Titel in Schieflage geraten. Und fertig ist die perfekt geordnete Bibliothek!

COMICS & MANGAS

*Comics und Mangas sind Sonderfälle. Besitzt du nur wenige, kannst du sie einfach zwischen den anderen Titeln unterbringen. Hast du aber eine kleine oder vielleicht auch größere Sammlung, lohnt sich eine **eigene Kategorie**. Innerhalb dieser sortierst du deine Schätze feiner, zum Beispiel nach Mangas, Klassiker, Superhelden … Was auch immer für dich gut funktioniert. Gebundene Exemplare im Hardcover können alleine stehen, die Taschenbuch-Varianten weniger, und die Hefte brauchen auf jeden Fall Unterstützung. Da bieten sich einheitliche Stehsammler an: So sind alle Comic-Schätze bestens untergebracht, die Label verraten den Inhalt und das Regal sieht einfach schick aus.*

CDS & DVDS

Nicht ohne Grund gibt es spezielle Regale für CDs und DVDs. Die kleinen Hüllen wirken in tiefen Möbeln oft eher verloren und verschenken kostbaren Platz. Wer Musik und Filme trotzdem zwischen den Büchern aufbewahren möchte, räumt sie am besten in **Boxen**. Diese nutzen den Platz im Regal oder Schrank optimal, wenn sie mit der Front nach vorne stehen. Natürlich werden die Boxen etikettiert: „Soul A–F" oder „Kinderfilme" beispielsweise sind Label, die dir helfen, alles schnell wiederzufinden.

SCHALLPLATTEN

Auch Platten passen in kein normales Bücherregal, denn sie brauchen mindestens eine Tiefe von 37 oder 38cm. Man kann diese Tonträger wie Bücher in ein passendes Regal stellen, alle nebeneinander. Die Plattenrücken sind allerdings sehr schmal und um das richtige Exemplar zu finden, muss man schon ein wenig suchen. Praktischer sind deshalb breite Kisten, die wiederum im Regal stehen. Der Vorteil liegt auf der Hand: Wie im Plattenladen schauen dich die Cover an und du kannst von vorne nach hinten „durchblättern". Label an den Fronten der Kisten zeigen sofort, welche Musik hier versammelt ist. Für Schallplatten gelten die gleichen Möglichkeiten zum Organisieren wie für CDs: Pop oder Klassik, Blues oder Punk – sehr sinnvoll ist es, die **Musik nach Genre** zu sortieren. Innerhalb dieser Gruppen kannst du sie dann chronologisch oder alphabetisch sortieren, um deine Lieblingstitel jederzeit wiederzufinden.

ZEITSCHRIFTEN

Egal, ob man ein Magazin im Abo bezieht oder sich Zeitschriften am Kiosk kauft, es sammeln sich in jedem Haushalt etliche Hefte an. Manche landen schnell im Altpapier, aber andere werden aufbewahrt. Erscheint ein Magazin regelmäßig, vielleicht sogar alle zwei Wochen, sammelt sich jedes Jahr eine wahre Papierflut an – die in kürzester Zeit schiefe Stapel im Regal bildet oder aus überfüllten Stehsammlern quillt. Hier hilft nur eine strikte Regel: Lege eine Anzahl von Heften fest, die du aufbewahrst. Kommt eine neue Ausgabe, geht eine alte. In dieser Zeitschrift waren so tolle DIY-Ideen, in der anderen so leckere Rezepte? Dann bewahre diese Seiten auf – aber eben nur diese, nicht das gesamte Heft. Für ausgeschnittene Fotos, Rezepte, Anleitungen oder Urlaubstipps kannst du **spezielle Ordner** oder eigene Notizbücher anlegen. Die Hefte mit Bleibe-Erlaubnis sortierst du nach Titeln oder Themen in gelabelten, einheitlichen Stehsammlern. So sparst du jede Menge Platz im Regal und gewinnst Ordnung.

AUF DIE SCHNELLE

- Besorge dir **Buchstützen**. Sie halten nicht nur Bücher senkrecht, sondern sind auch noch schicke Deko-Elemente.

- **Stehsammler** sind die erste Wahl für Comics und Zeitschriften: Was nicht alleine stehen kann, ist hier gut aufgehoben. Einheitliches Design sorgt für schicke Optik.

- CDs, DVDs und Schallplatten lassen sich besonders gut sichten und durchforsten, wenn du sie hintereinander in passende **Boxen** einsortierst. Und im Regal wirkt die Sammlung schön ordentlich.

SPIELZEUG

Spätestens, wenn man mit nackten Füßen auf einen Legostein tritt, weiß man, warum am Ende des Tages der Boden von Spielsachen befreit sein sollte. Abgesehen von schmerzenden Fußsohlen gibt es aber natürlich noch ein paar andere Gründe für ein gutes Ordnungssystem: Wenn sämtliche Bauklötze, Zauberstäbe und Einhörner ihre festen Plätze haben, macht das Spielen gleich viel mehr Spaß – zumindest den Eltern. Im Chaos verbringt man schließlich die meiste Zeit mit Suchen. Ist das Ordnungssystem praxistauglich, wird das Aufräumen auch für die Kleinen zum Kinderspiel. Und natürlich darf es auch in der Spielecke richtig schick aussehen ...

KOMM SPIELEN!

ORDNUNG FÜR DIE KLEINSTEN

VIELE, VIELE TEILE

Bausteine und Bauernhof, Murmelbahn und Musikinstrumente, Knete und Kaufladen: In der Spielzeugecke ist so einiges los. Manche Dinge nehmen viel Raum ein, andere sind klitzeklein, vieles ist kunterbunt. Es ist höchste Zeit, Ordnung in das Tohuwabohu zu bringen. Wie immer geht es auch hier zuerst ans **Ausmisten**. Sollte dein Kind hierbei die Entscheidungen treffen? Das hängt ganz vom Kind ab. Manche können sich sehr schwer trennen, andere wiederum überblicken die Lage nicht und werfen fast alles weg. Vermutlich ist es schlau, wenn du das Ruder übernimmst, den Nachwuchs aber gebührend mitreden lässt.

Egal, wer entscheidet: Alle Spielsachen, die kaputt sind oder bei denen Teile fehlen, kommen weg. Und das (heile) Spielzeug, mit dem schon lange niemand mehr gespielt hat, findet bestimmt neue Besitzer. Der Gedanke, dass die eigenen Spielsachen denjenigen Freude machen, die selbst nicht so viel Spielzeug haben, hilft Kindern übrigens oft, sich von Dingen zu trennen. Warten ausrangierte Spielsachen darauf, dass ein jüngeres Geschwisterchen damit spielt, solltest du sie nicht im Kinderzimmer aufbewahren. Hier nehmen sie wertvollen Platz weg und tragen zum Chaos bei. In fest verschlossenen Boxen lagerst du sie auf dem Boden, im Keller oder im Abstellraum, bis der kleine Bruder oder die kleine Schwester so weit ist.

Auf das Ausmisten folgt das Kategorisieren. Bei Spielsachen, Kinderbüchern und Puppen muss man ein **Ordnungssystem** finden, das auch für die Kleinen passt. Schließlich sollen sie ihre Dinge selbst jederzeit finden, aber auch wieder aufräumen können. Wichtig ist, dass nicht alles offen sichtbar ist, sondern vieles hinter geschlossenen Fronten oder in Körben und Boxen verschwindet.

So kehrt nämlich optisch Ruhe ein und es gibt **keine Reizüberflutung.** Nicht nur für die Kleineren sind Kisten und Körbe tolle Ordnungshelfer. Geht es ans Aufräumen, wird einfach alles – natürlich nach Kategorien sortiert – hineingeworfen. Für härtere Teile, wie beispielsweise Legosteine oder Bauklötze, Autos oder Playmobil, eignen sich Kunststoffboxen mit Deckel. Diese lassen sich wunderbar stapeln und dank der Deckel bleibt der Inhalt auch in der Box, wenn es mal kippelig wird. Ist der Fundus an Legosteinen groß, gibt es zum Beispiel für jede Farbe eine eigene Kiste. Playmobil landet nach Themen sortiert in unterschiedlichen Boxen.

Gerade bei geschlossenen Kisten sind Label wichtig. Für all diejenigen, die noch nicht lesen können, sind **Bildchen oder Symbole** eine gute Idee. Passen die Kästen ins Regal? Perfekt. Sind sie zu groß, können sie auch gut neben Schrank und Regal gestapelt werden. Achte darauf, dass du die Spielsachen in einer Höhe platzierst, in der die Kinder sie gut erreichen können. Unterschiedliche Kleinteile, von der Trillerpfeife bis zum Flummi, finden ihre Plätze in Sortierboxen, wie man sie auch zur Aufbewahrung von Bastelbedarf nutzt.

Kisten und Körbe sorgen nicht nur für die perfekte Ordnung, sie lassen sich auch gut **von einem Zimmer ins nächste** tragen. Sollen Reiterhof und Ritterburg heute im Wohnzimmer aufgebaut werden, erleichtern die robusten Behältnisse den kurzfristigen Umzug. Deshalb ist es praktisch, wenn sie Griffmulden oder Henkel haben, die auch die Kleinen gut greifen können. Übrigens kann es gerade bei jüngeren Kindern ganz praktisch sein, im Wohnzimmerschrank oder -regal eine Ecke für Spielsachen freizumachen. Oft spielen die Kleinen gern dort, wo sie mitten im Geschehen sind. Gut, wenn dann ein Teil ihrer Spielsachen auch in diesem Raum verstaut ist.

TOY ROTATION

*Ob zum Geburtstag, zu Weihnachten, als Mitbringsel oder vom Taschengeld gekauft: Ständig gibt es neues Spielzeug. Schränke und Regale quellen über, die Kleinen wissen nicht, wohin sie zuerst greifen sollen. Eine völlige Reizüberflutung. Manchmal ist weniger einfach mehr. Ist die Auswahl kleiner, können sie sich wesentlich besser auf die einzelnen Spielsachen konzentrieren und wandern mit der Aufmerksamkeit nicht ständig von einem Ding zum nächsten. Die Lösung lautet Toy Rotation. Dahinter steckt das Prinzip, **einige Spielsachen aus dem Kinderzimmer zu entfernen** und zwischenzeitlich woanders zu lagern – und zwar so, dass sie von den kleinen Besitzerinnen und Besitzern nicht entdeckt werden können. Nach ein paar Wochen wandern die versteckten Schätze zurück ins Kinderzimmer und einige andere Dinge gehen ins Exil. So bleibt es für die Kinder spannend und sie beschäftigen sich intensiver mit den Sachen, die greifbar sind. Außerdem merkst du so schnell, wenn an einem Spielzeug überhaupt kein Interesse mehr besteht und es verschenkt oder verkauft werden kann.*

KINDERBÜCHER

Auch wenn sämtliche Bücher des Haushalts im Wohnzimmer versammelt sind (s. S. 84), sollte zumindest der Großteil der Kinderbücher im Kinderzimmer aufbewahrt werden. Nur so greifen die Kleinen immer wieder mal zu, schauen sich Bilder an und „lesen" sich selbst Geschichten vor. Und natürlich brauchen auch die schon etwas älteren Leseratten ihre Lieblingsschmöker immer griffbereit. In der **Familienbibliothek** könntest du ja eine Ecke für Lieblings-Vorlesebücher reservieren. Dann habt ihr diese schnell zur Hand, wenn ihr es euch auf dem Sofa gemütlich macht.

Doch egal, aus welchen Regalen ihr die Kinderbücher zieht – der erste Schritt zur Ordnung ist das Aussortieren. Alle Titel, die nicht mehr interessant sind, werden weggegeben. Wenn du eh gerade alle Bücher in der Hand hast, kannst du bei der Gelegenheit auch Lieblingsstücke, die schon ein wenig zerfleddert sind, mit Kleber oder Tape reparieren. Anschließend dürfen alle Bücher in die Regale zurück – kategorisiert, versteht sich. Dabei kommt es auf die **Altersgruppe** an. Bilderbücher für die ganz Kleinen sortierst du am besten nach Farben: Die Kids wissen, dass der Rücken ihres Lieblingsbuchs in Gelb oder Grün leuchtet, und müssen deshalb nicht lange suchen. Und im Kinderzimmer sieht ein Regenbogen im Bücherregal einfach toll aus. Für schon etwas ältere Kinder empfiehlt es sich, Vorlesebücher, aber auch Kinderromane und Comics nach Themen einzuteilen – oder ebenfalls nach Farben, eben ganz so, wie es die Kinder am liebsten mögen. Sie entscheiden, schließlich sollen sie in Zukunft die Ordnung in ihren Zimmern halten.

MITWACHSENDE ORDNUNG

Das Ordnungssystem im Kinderzimmer muss mitwachsen. Je größer die Kinder werden, desto mehr sollten sie **selbst bestimmen**, *wie sie ihr Hab und Gut aufbewahren und sortieren möchten. Nur so kann man sie dauerhaft motivieren, Ordnung zu halten.*

KUSCHELTIERE & PUPPEN

Manche Kuscheltiere nehmen ganz schön viel Platz im Bett ein und rücken höchstens für ein paar Puppen zur Seite. Andere sitzen in Regalen, hocken in Kisten oder verstauben unter dem Bett. Gib ihnen ein neues Zuhause. **Körbe aus Stoff oder Metall** sind bestens geeignet, um die weichen Mitbewohner aufzunehmen. Auch aus Naturmaterialien gefertigte Behältnisse funktionieren, doch in allzu grobem Geflecht könnten sich Puppenhaare und -kleider verhaken oder Kleinteile verklemmen. Zubehör, wie etwa Puppenkleider, Bürsten und Nuckelflaschen, bekommen eigene Boxen oder Organizer – samt Label.

SPIELE & PUZZLE

Ob Kartenspiel oder Spielbrett samt aufwändigem Zubehör: Spiele werden gerne in Schubladen oder Schränke gequetscht. Im schlimmsten Fall purzeln sie einem entgegen, wenn man die Tür allzu schwungvoll öffnet. Im Kinderzimmer besteht hier genauso Ordnungsbedarf wie im Wohnzimmer. Um Spiele und Puzzle sinnvoll und praktisch aufzubewahren, gibt es verschiedene Möglichkeiten. Natürlich lassen sie sich **in die Höhe stapeln**. Das funktioniert aber nur wirklich gut, wenn es nicht sehr viele Spiele sind: Werden die Stapel höher, ist es schwierig, an die unteren Exemplare zu gelangen. Alternativ dazu kannst du die Spiele **senkrecht hintereinander** in Schubladen, ins Regal oder in Boxen stellen – ähnlich wie Bücher. Dafür musst du aber jede Schachtel mit einem dicken Gummiband verschließen, damit sie nicht einfach aufgeht. Die dritte und besonders praktische Möglichkeit ist diese: Verstaue jedes Spiel samt Brett, Spielsteinen, Karten und Anleitung **in einer eigenen Tasche.** Ob du dafür einen Stoffbeutel oder ein Exemplar aus

Kunststoff wählst, ist deine Entscheidung. Die Taschen aus Kunststoff sind allerdings fester und lassen sich deutlich besser handhaben. Wichtig ist, dass sie sich gut verschließen lassen – am besten mit einem Reißverschluss. Ein aufgeklebtes Label verrät, welches Brettspiel, welches Puzzle oder welches Kartenspiel sich im Inneren versteckt. Die Taschen werden dann hintereinander in Schubladen oder Boxen gestellt, so dass man sie auf der Suche nach dem richtigen Spiel einfach „durchblättern" kann. Auch praktisch: Für unterwegs ist das Spiel im Beutel wesentlich handlicher als eines in der Schachtel.

AUF DIE SCHNELLE

- **Weiches und Großes** verstaust du in flexiblen Stoffkörben, Metallkörben und robusten, offenen Kisten. Diese lassen sich leicht befüllen und bieten ausreichend Platz für größere Dinge.

- **Lego, Playmobil und Autos** bringst du am besten in Boxen mit Deckel unter. Diese sind die perfekten Ordnungshelfer für Bausteine und Co. Ist im Regal nicht genug Platz, stapelst du die Boxen einfach in einer Ecke.

- **Besonders Kleinteiliges** sortierst du in den vielen Fächern von Schubladenorganizern und Sortierboxen

MIX AUS ALT & NEU

Ute & Familie lieben ihr Kölner Stadthaus

Natürlich ist es praktisch, in einen Neubau zu ziehen. Alles ist frisch und unbenutzt, Renovierungen liegen in ferner Zukunft. Ist man selbst Bauherr, kann man das zukünftige Zuhause ganz nach den persönlichen Bedürfnissen gestalten. Charmanter aber finden viele Menschen Häuser, die schon eine Geschichte haben und denen man das Leben ansieht, das jahrzehntelang innerhalb ihrer Mauern stattfand. Ute und ihr Mann sind solche Menschen. Sie wissen Patina zu schätzen und sie lieben das Flair alter Häuser. Als sie in einem Kölner Vorort ein Stadthaus von 1935 entdeckten, waren sie denn auch sofort begeistert.

Besonders angetan hatten es ihnen die unterschiedlichen Ebenen und Anbauten. Ute erzählt: „Was mir sofort gefiel: Man ahnt von außen nicht, wie viel Fläche sich im Inneren verbirgt. Es gibt allein zwei Wintergärten." Bevor sie und ihr Mann hier mit ihren beiden, damals noch nicht erwachsenen Kindern einzogen, wurde allerdings etliches umgekrempelt. „Wir haben alles, alles renoviert und restauriert", erinnert sich Ute. „Bevor wir das Haus gekauft haben, sah es wirklich anders aus." Um den Charme der kleinen Villa aus den 1930er-Jahren wieder herauszukitzeln, wurden die Fußböden und die schöne Holztreppe überarbeitet. Auch das freigelegte Mauerwerk einer Wand erzählt von der Geschichte des Hauses. Gleichzeitig musste das Gebäude aber auch an die Bedürfnisse der Familie angepasst werden. Dafür ließen Ute und ihr Mann Wände einreißen, um Räume zu vergrößern, und sogar komplette Badezimmer verlegen. Auch das Dach musste neu gemacht werden. Bei sämtlichen Renovierungsarbeiten gingen sie

allerdings mit viel Fingerspitzengefühl vor, um die richtige Balance aus Alt und Neu zu schaffen. Und wie sieht es jetzt im Inneren dieses alten Schätzchens aus? „Wir haben bei der Inneneinrichtung Wert darauf gelegt, dass alles schön hell ist. Außerdem mögen wir es gerne ein wenig luftiger und nicht so überladen. Und das alles im Landhausstil", erklärt Ute. Und so sorgen unterschiedliche Hölzer und diverse Naturtöne für eine entspannte Atmosphäre. Weiße Wände lassen alles hell und freundlich scheinen und wirken angenehm zurückhaltend. So kommen auch die wenigen ausgewählten Kunstwerke ausgezeichnet zur Geltung. Damit die Einrichtung nicht zu eintönig wirkt, setzt Ute hier und dort mit Schwarz Akzente. Für die Möbel gilt dasselbe wie für die Architektur: eine ausgewogene Mischung aus Alt und Neu. Moderne Möbel vereinen sich mit Schätzen aus dem Antiquitätengeschäft genauso wie mit Erbstücken. Passt etwas Gebrauchtes nicht in diesen Mix, greift Ute zum Pinsel. Ungewöhnlich für dieses Haus:

MIX AUS ALT & NEU

die grüne Wand im Badezimmer, über die die Hausbesitzerin sich besonders freut. Doch auch in den anderen Räumen entdecken Besucher spannende Elemente und ungewöhnliche Hingucker. Ute und ihre Tochter kochen leidenschaftlich gern, kein Wunder also, dass es in der Küche ein optisches Highlight gibt: eine Wand, die mit Steinen gefliest wurde. „Das sind alles Steine, die wir in mühevoller Kleinarbeit am Rheinufer gesammelt haben. Hier in der Küche wurde daraus diese Wand, als Alternative zum klassischen Fliesenspiegel." Doch auch im Wohnzimmer entdeckt man die eine oder andere Pfiffigkeit. Statt auf einem gewöhnlichen Couchtisch beispielsweise legt die Familie Fernbedienung, Zeitschriften und Kaffeebecher auf einem alten Turnkasten ab. „Der wurde in der Schule ausrangiert, ich habe eine kleine Spende gemacht – und seitdem steht er hier", erzählt Ute. Noch ungewöhnlicher ist das Klavier, das eine der Wohnzimmerwände schmückt. Das alte Prachtstück ist eine wahre Schönheit. Die originale Klaviatur war kaputt und wurde kurzerhand ausgebaut, für den Klang sorgt nun ein elektrisches Keyboard, das im „leeren" Klavier installiert wurde. Wer in der Familie hat denn das Händchen für solche DIYs? Laut Ute sind die Rollen genau verteilt: „Das Klavier hat mein Mann umgebaut. Wenn es aber darum geht, alte

96 | MIX AUS ALT & NEU

Kommoden neu zu lackieren, dann bin ich am Start." Ein weiterer Blickfang ist die freigelegte Wand in der Bibliothek. Mühevoll wurde hier der Putz abgeklopft, damit nun die alten Backsteine ihren Charme verströmen können. Direkt davor lädt ein Sofa inmitten all der Bücher zum Schmökern ein. Die Bibliothek ist allerdings auch das „Problemzönchen" des Hauses. „Wir haben schon, bevor wir hier einzogen, sehr viele Bücher gehabt", erklärt Ute. „Im Laufe der Jahre, in denen wir jetzt hier wohnen, sind das natürlich immer mehr geworden. Und weil der Raum eigentlich zu klein ist und wir keine Regale mehr unterbringen können, haben wir die Bücher nur noch irgendwie reingestopft oder irgendwo draufgelegt. Hauptsache, sie waren aus den Augen." Um Ordnung in diese Flut an Lesestoff zu bringen, bat das Paar Isabella um Hilfe. Nachdem Ute alle überflüssigen Bücher aussortiert hatte, ging es ans Einräumen. Mit Isabellas Hilfe wurden sämtliche Bücher in Genres eingeteilt und innerhalb dieser Genres nach Farben sortiert in die Regale zurückgestellt. Das macht die Bibliothek übersichtlich und zugleich optisch ansprechend. Sämtliche DVDs, CDs und Schallplatten bekamen eigene Boxen und lungern nicht mehr zwischen den Buchrücken herum. Ute liebt die aufgeräumten Regale. So findet sie nicht nur ihre Lieblingsbücher leichter, sondern der Raum wirkt auch wesentlich großzügiger und gemütlicher. Ihre Tipps, nachdem sie Erfahrung mit dem neuen Ordnungssystem sammeln konnte: „Prinzipiell können wir die Ordnung gut beibehalten. Und ist es mal zeitlich knapp, räumen wir eben später richtig auf. Wichtig ist, in den Regalreihen immer ein wenig Luft zu lassen, damit auch neue Bücher problemlos ihre Plätze in dieser Sortierung bekommen können." Ein netter Nebeneffekt: Seit die Bücherstapel ordentlich in den Regalen verschwunden sind und kein Literaturchaos mehr den Blick stört, kommt der Charme der alten Backsteinwand wieder richtig gut zur Geltung.

HOBBY & BASTELN

Grußkarten basteln, töpfern oder in Öl malen, Armbänder fädeln oder Taschen nähen – es gibt viele tolle Möglichkeiten, sich kreativ auszutoben. Leider hat nicht jeder Bastelbegeisterte die Gelegenheit, seine Utensilien in einem eigenen Atelier auszubreiten. Aber auch für die Bastelecke zu Hause gibt es gute Lösungen, um Ordnung ins kreative Chaos zu bringen.

SELBER MACHEN

KREATIVZUBEHÖR GRIFFBEREIT VERSTAUT

BASTELZUBEHÖR

Kleber und Schere, Papiere und Falzbein, Stempel und Motivstanzer: Zum Basteln brauchst du etliche Dinge, die verstaut werden wollen. Hier sind flache Organizer eine gute Lösung. **Kleber und Klebestifte**, unterschiedlich große Scheren, diverse Rollen Masking Tape, sie alle finden hier ihre eigenen Fächer. Besonders praktisch sind Kästen, die du übereinanderstapeln kannst. So hast du dein Bastelzubehör auch im Regal griffbereit, falls die Schreibtischschubladen besetzt sind. Ist deine Sammlung an **Masking Tape** sehr groß, kannst du sie auf einem Trennstab auffädeln und diesen in eine Schublade klemmen. So rollt kein Klebeband durch die Gegend und du kannst leicht die passenden Längen abschneiden oder -reißen.

Bastelpapiere kannst du in Schubladenboxen unterbringen. Ob Transparent- oder Tonpapier, Origami- oder Motivpapier: Hier lagern sie alle faltenfrei, nach Sorten getrennt. Größere Bögen, etwa Tonpapier oder Fotokarton, finden ihren Platz beispielsweise in einem tiefen Regal, wie auch das Malpapier.

Perlen, Knöpfe, Glitzersteinchen und ähnlich **kleinteiliger Bastelbedarf** verschwinden in Schraubgläsern oder anderen Behältern mit gut schließenden Deckeln. Schließlich möchte niemand eine Ladung Bügelperlen vom Fußboden aufklauben müssen. Wie auch bei Stiften gilt: Größere Mengen sortierst du am besten nach Farben. Für Bänder, Federn etc. eignet sich ein Behälter mit flexiblen Trennern gut, denn so kannst du die Fächer ganz individuell anpassen. Egal, ob große oder kleine Behälter, alle werden mit schicken Labeln versehen.

WOLLE, STOFFE & GARN

Du strickst gern und viel? Dann stapeln sich bei dir sicherlich etliche **Wollknäuel** in Tüten, Kisten und Körben. Manche sind nur kleine Reste von längst fertigen Strickprojekten, andere Knäuel hast du vielleicht mal gekauft, aber dann aus den Augen verloren. Trenne dich von den Garnen, aus denen du nichts mehr zaubern möchtest – vielleicht, weil dir die Farbe nicht mehr gefällt oder weil du das Material nicht mehr magst. Die restliche Wolle wandert am besten in durchsichtige Boxen mit Deckel. Diese kannst du dann im Regal oder im Schrank stapeln. Ordne die Knäuel nach Material und Zweck, also beispielsweise die Sockenwolle in eine Kiste, Mohair in die nächste. Innerhalb der Boxen wird die Wolle nach Farben zusammengestellt. Das sieht nicht nur hübsch aus, so hast du auch identische Knäuel beisammen. Etiketten auf den Kisten geben

Auskunft darüber, welche Garne im Inneren auf ihren Einsatz warten.

Du nähst lieber? Okay, auch in deine **Stoffsammlung** kannst du leicht Ordnung bringen. Alles, was du brauchst, sind sogenannte Comicboards. Das sind dünne, säurefreie Pappen, die dir helfen, deine Stoffe faltenfrei und ordentlich zu lagern. Dafür faltest du Baumwolle, Leinen und Co. auf die Länge der Pappe und wickelst sie dann glatt um das Board herum. Stecknadeln fixieren die Stoffe am Ende. Die flachen Päckchen kannst du senkrecht in Boxen stellen oder aber auch flach in Regalfächern stapeln. Wichtig ist, dass du sie nach Stoffarten kategorisierst und innerhalb der Kategorien nach Farben anordnest. Achte darauf, die Stoffe so zu lagern, dass sie nicht dem direkten Sonnenlicht ausgesetzt sind, weil das die Farben ausbleichen würde. Kleine Stoffreste, Bordüren und Bündchen erhalten ihre eigenen Kisten – natürlich gelabelt. Noch wichtiger ist eine gute Aufbewahrung beim **Nähgarn,** denn allzu leicht wickeln sich die Spulen ab und du hast ein Fadenchaos in deiner Sammlung. Abhilfe schaffen spezielle Behälter, in denen jede Garnrolle ihre eigene Halterung hat. Dank fester Klick-Verschlüsse lassen sich die Boxen schön und platzsparend senkrecht ins Regal oder in den Schrank stellen. Der Clou: Wegen der Halterungen purzelt nichts durcheinander. Alternativ dazu kannst du auch einen Spulenhalter aus Holz oder Metall an die Wand hängen. Für Unterfadenspulen gibt es ebenfalls spezielle Boxen, in denen jede Spule in einem eigenen Fach sitzt.

MALUTENSILIEN

Malst du mit Filzmarkern oder Buntstiften? Schwingst du den Pinsel, um mit Acryl- oder Ölfarbe Schönes zu schaffen? Oder liebst du es, mit Kreiden zu arbeiten? Egal, welche Materialien du bevorzugst, um deine Kunst auf Papier oder Leinwand zu bringen, deine Utensilien müssen gut aufbewahrt werden.

Wie immer steht vor dem Einräumen das Aussortieren. Kurze Buntstiftstummel, die du kaum noch anfassen kannst, Pinsel, denen fast alle Borsten fehlen, oder leere Tuben und eingetrocknete Farben wandern direkt in den Müll. Das gilt auch für Papier, das unrettbar zerknittert oder eingerissen ist. Materialien, mit denen du schon lange nicht mehr arbeitest, verschenkst du am besten an malbegeisterte Freunde.

Ob Bleistifte oder Fineliner, deine **Stifte** sind allzeit einsatzbereit, wenn du sie senkrecht in Behälter stellst. Im Fachhandel bekommst du Blöcke aus Holz, Kunststoff oder Formschaum, die jedem einzelnen Stift ein eigenes Loch bieten. Aber natürlich tut es auch ein Glas, ein Becher oder eine Dose. Für vorbildliche Ordnung trennst du nicht nur die unterschiedlichen Stiftarten, du sortierst sie zusätzlich nach Farben. Platzierst du die Behälter im Regal, wenn sie nicht im Einsatz sind, hast du mehr Platz auf der Arbeitsfläche. Alternativ zu diesem System kannst du deine Stifte in Schubladenorganizern unterbringen. Auch hier sortierst du nach Materialien und Farben. Kreiden bewahrst du besser liegend auf. Hier eignen sich flache Organizer, wie du sie auch für Schmuck oder Make-up nutzen kannst. Dank der einzelnen Fächer kannst du die Kreiden perfekt nach Farben trennen.

Farbtuben und -flaschen bekommen ihre eigenen Boxen. Am besten sind auch diese in einzelne Fächer unterteilt, damit du nach

Farben sortieren kannst. Für flüssige Farbreste eignen sich durchsichtige Kunststoffbecher mit Deckeln, die luftdicht abschließen. Hier ist es besonders wichtig, die Behälter mit Etiketten zu versehen. In solchen Bechern findet übrigens auch kleinteiliges Zubehör Platz. Die **Pinsel** steckst du in Pinselständer oder -köcher – ähnlich denen für die Stifte. Auch Spachtel finden hier Platz. So hast du dein Werkzeug nicht nur schön übersichtlich arrangiert, in der Senkrechten werden zudem die Borsten geschont. Natürlich kannst du deine Pinsel aber auch in Schubladenorganizern oder speziellen Schatullen waagerecht lagern. Der Vorteil der Schatullen: Für einen kreativen Ausflug sind deine Utensilien bereits verpackt.

Und wohin mit Papier und Leinwänden? **Papier** lagert am besten liegend. So ist die Gefahr sehr gering, dass es verknickt oder verbiegt. Für Formate in A4 oder kleiner sind Schubladenboxen eine gute Idee. Hier ist Platz für unterschiedliche Größen und Qualitäten. Wer größere Formate nutzt, braucht ein tiefes Regal, in dem er Regalböden dicht übereinander installieren kann. So hat jedes Format oder jede Qualität ein eigenes Fach. Fertige Kunstwerke kannst du natürlich ebenfalls auf diese Art aufbewahren. Praktisch sind aber auch Sammelmappen oder Spiralalben, in denen jedes Bild in eine eigene Schutzhülle gesteckt wird. Außerdem gibt es spezielle Zeichen- oder Planschränke, in denen flache Schubladen Platz für fertige Bilder und Papier bieten. Egal, ob im Regalfach, in der Sammelmappe oder im Zeichenschrank: Legst du Zeichnungen übereinander, solltest du Kunstwerke aus Kohle oder Pastell mit einem zusätzlichen Blatt (etwa Pergamentpapier) bedecken, denn sie färben leicht auf das darüber liegende Bild ab. **Leinwände auf Keilrahmen** lagern besser aufrecht stehend. Das funktioniert in einem tiefen Regal oder Schrank ebenso gut wie in einer Ecke. Möchtest du sie lieber ablegen? Da unterschiedlich große Rahmen im Liegen schnell mal Macken oder Dellen verursachen, solltest du nur identische Formate übereinanderstapeln.

GESCHENKPAPIER & BÄNDER

Wie ärgerlich, wenn **Geschenkpapier** schon vor dem Verpacken knittert und einreißt, wenn es Schubladen blockiert, aus Regalen kullert, in überfüllten Tüten in Zimmerecken lehnt. Keine Frage, auch Geschenkpapier und -bänder brauchen ein sinnvolles Ordnungssystem. Egal, ob du Rollen stehend, liegend oder hängend lagerst, du musst sie daran hindern, sich abzuwickeln. Der Hack: Schneide leere Papprollen, zum Beispiel von Toiletten- oder Küchenpapier, längs auf und lege sie um die einzelnen Geschenkpapiere. Im Gegensatz zu Gummibändern schnüren die Rollen das Papier nicht ein.

Geht es ans Verstauen, hast du verschiedene Möglichkeiten. Du kannst die Rollen beispielsweise in eine leere Kleiderhülle stellen und aufhängen. Alternativ dazu stellst du sie senkrecht in einen ausrangierten Papierkorb oder legst sie waagerecht in einen an der Wand hängenden Zeitungshalter. Hast du eine breite Schublade, ist das der beste Aufbewahrungsort. Der Clou: Du steckst die Rollen auf Spannstangen, die du quer in die Lade klemmst. Jetzt kannst du das Papier ganz nach Bedarf abrollen. Auf solchen Stangen ist ebenfalls Platz für **Geschenkband**. Diese Rollen kannst du aber auch auf einer Halterung für Küchenutensilien auffädeln. Klebeband, Schleifen, Anhänger und Kärtchen sind gut in passenden Behältern in der Schublade oder im Regal verstaut.

SCHLAU VERSTAUT

*Wer gerne kreativ ist, kann seine Utensilien in einem **Rollwagen** unterbringen. Der verschwindet in der Ecke, wenn er nicht gebraucht wird, kann aber jederzeit hervorgeholt werden. Auf den einzelnen Etagen ist Platz für diverse Container, Boxen und Organizer. Ebenfalls praktisch für Kreative: Lochplatten. Über dem Basteltisch (oder auch im Kinderzimmer) an die Wand geschraubt, bilden sie die Basis für ein individuelles Ordnungssystem. Hier lassen sich ganz nach Bedarf Fächer, Haken oder kleine Utensilos anbringen. So ist alles griffbereit, was öfter mal zum Einsatz kommt.*

AUF DIE SCHNELLE

- **Kleinteiliges** sortierst du in durchsichtige Organizer mit fest verschließbaren Deckeln. Für jede Sorte und jede Farbe gibt es ein eigenes Fach.

- **Alles, was sich auffädeln lässt,** kannst du auf Spannstangen unterbringen – etwa Geschenkband und -papier, aber auch Masking Tape.

- **Stifte und Pinsel** steckst du in Gläser, Dosen oder spezielle Behälter, in denen jedes Teil sein eigenes Loch hat. Hier können Pinsel gut trocknen.

OUTDOOR- & GARTEN-ZUBEHÖR

Nicht nur Küchen- und Schlafzimmerschränke laufen Gefahr, im Chaos zu versinken. Auch in der Garage, im Keller oder im Gartenschuppen besteht Ordnungsbedarf. Schließlich müssen Mountainbike und Motorsäge, Hantel und Harke gut verstaut werden, sonst werden sie schnell zu Stolperfallen. Außerdem verfliegt die Lust auf Sport oder Gartenarbeit flugs, wenn man nicht einmal vernünftig an die nötigen Utensilien gelangt.

AB NACH DRAUSSEN

WOHIN MIT SPORTAUSRÜSTUNG, GARTENHELFERN & CO.?

SPORTAUSRÜSTUNG

Ob Taucher- oder Skibrille, Surfbrett oder Fahrrad – ist man gerne aktiv, kommt einiges an Zubehör zusammen. Leider ist die eine oder andere Ausrüstung auch ganz schön sperrig. Wohin also damit?
Funktioniert der Schnorchel überhaupt noch? Der alte Fußball hat doch ein Loch. Und verstauben die Stöcke zum Nordic Walking nicht schon seit Jahren in der Ecke? Wie immer gilt auch hier: Den Anfang macht A wie Ausmisten. Was kaputt ist, landet im Müll. Und was du nicht mehr benutzt, kannst du verschenken oder verkaufen. Nur die Dinge, die wirklich zum Einsatz kommen, bleiben. Kleineres Zubehör lässt sich bestens in Schränken und Regalen verstauen. Damit nichts durcheinandergerät, sind **Kunststoffkisten mit Deckel** eine gute Lösung. Dank der Deckel kannst du sie prima stapeln. In den Boxen landen die Dinge nach Kategorien sortiert. Taucherbrille, Schnorchel und Badehose beispielsweise verstaust du zusammen in einer Kiste, Thera-Band, Springseil und Hanteln in einer anderen. Boxen, die du nicht so häufig öffnest, wie etwa die mit Skibrille und -handschuhen, platzierst du auf den obersten Regalböden. Die Dinge, die du regelmäßig nutzt, sollten hingegen leicht zugänglich sein, also eher unten bzw. auf Augenhöhe aufbewahrt werden. Natürlich bekommt am Ende jede Kiste ihr Label.

Sperrige Utensilien unterzubringen, ist da schon kniffeliger. Während die Tasche mit den Golfschlägern problemlos in der Ecke stehen und die aufgerollte Yogamatte im Regal liegen kann, findet man für andere Sportgeräte nicht so leicht die passende

Aufbewahrung. Egal, ob im Schuppen oder in der Garage: Fahrräder stehen oft im Weg. Der beste Platz ist daher die Wand. Es gibt **spezielle Halterungen**, in die die Radrahmen einfach eingehängt werden können. Wer ständig mit dem Drahtesel unterwegs ist, braucht für jedes Rad einen eigenen Rahmen. Sind die Fahrräder eher selten im Einsatz, kann man auch mehrere Räder hintereinander auf eine Halterung schieben. Ist der Platz an der Wand knapp, werden die Gestelle übereinander montiert: Das Kinderrad und das schwere Citybike hängen unten, das leichte Rennrad, das einfach heruntergenommen werden kann, schwebt darüber. Wer wiederum kein Platzproblem in der Garage hat, stellt alle Räder nebeneinander in einen Fahrradständer, wie man ihn vor Geschäften und an Haltestellen oft sieht. So haben alle ihre festen Plätze – und keines kippt um.

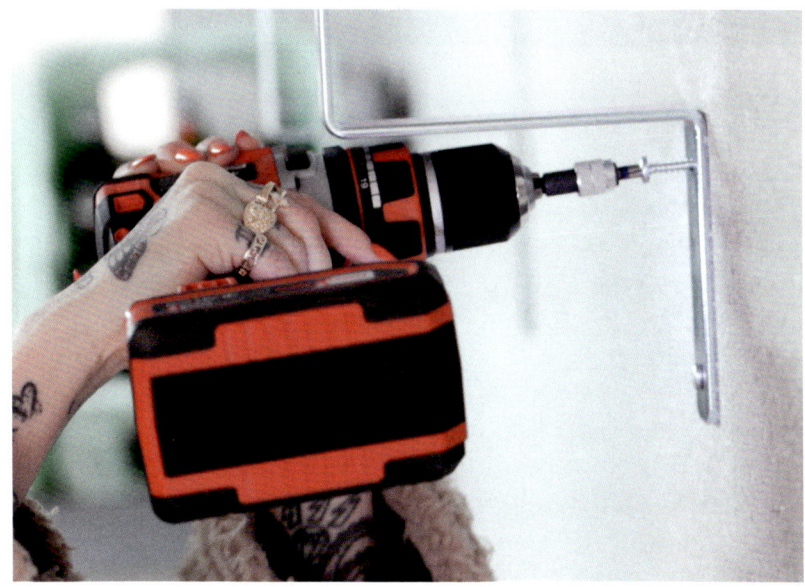

Skateboards finden ihren Halt ebenfalls in der Vertikalen mit Haken. Auch Surfboards und Kajaks kann man mit besonderen Wandhalterungen praktisch verstauen. Ist der Raum begrenzt, finden diese Ausrüstungsstücke aber auch Platz **unter der Decke**. Gerade in Garagen und Carports eine gute Lösung: zwei Bretter mit Seilen an der Decke befestigen und Boot oder Board drauflegen.

OUTDOOR- & GARTENZUBEHÖR | 107

FITNESSGERÄTE

Wie groß ist dein Home Gym? Ob Fitnessmatte und Hanteln für dich ausreichen oder ob du dich auch auf dem Ergometer und dem Crosstrainer, dem Rudergerät und dem Laufband stählst: Das System, um Ordnung in Hanteln und Handtücher zu bringen, ist immer gleich. Sind die Geräte lieblos in irgendeine Ecke gestopft, ist auch deine Motivation, sie zu benutzen, nicht sehr hoch. Der Trick: einen Bereich des Raumes als privates Fitnessstudio abgrenzen. Ein Teppich beispielsweise definiert die **sportliche Zone**. Alternativ kannst du die Wände innerhalb deines Home Gym in einer anderen Farbe streichen als den Rest des Raumes.

Ein Regal oder ein Schränkchen beherbergt nicht nur Yogamatte, Thera-Band und Co., sondern bietet auch Platz für schick arrangierte Sporthandtücher – zum Beispiel aufgerollt in Körben platziert – und Wasserflaschen. Das ist nicht nur praktisch, es sorgt auch für **Fitnessstudio-Flair**. Und wohin mit den schweren Dingen? Damit Hanteln nicht auf dem Boden herumliegen, deponierst du sie am besten in einem soliden Rollwagen. Der steht an der Wand, wenn du nicht trainierst, und rollt immer dorthin, wo du ihn gerade brauchst.

WERKZEUGE

Wo bitte ist der Schraubendreher, wenn man ihn dringend braucht? Ein gutes System für deine Werkzeuge erleichtert dir nicht nur den Alltag, es verlängert auch die Lebensdauer deiner Utensilien. Naheliegend ist die Aufbewahrung im **Werkzeugkoffer**. Hier ist Platz für die Basics, wie Hammer, Säge und Schraubenschlüssel. Schrauben und Nägel haben ihre eigenen kleinen Fächer. Der Vorteil: Mit dem Koffer kannst du dein gesamtes Werkzeug problemlos überall dorthin mitnehmen, wo du es gerade brauchst.

Hast du mehr Utensilien, könnte ein **Werkzeugwagen** eine gute Wahl sein. Schraubendreher und Nagelbohrer liegen hier, ordentlich kategorisiert, in Schubladen. Für Kleinteile bieten Sortierkästen Platz. Viele Exemplare haben zusätzlich obendrauf eine praktische Arbeitsplatte.

Hast du im Keller oder in der Garage eine kleine Werkstatt eingerichtet, ist eine Lochwand eine gute Lösung, um dein Arbeitszeug ordentlich aufzubewahren. Über der Werkbank an der Wand montiert, hält dieses System Hammer und Zangen griffbereit. Die Werkzeuge hängen an Haken, die du genauso anbringst, wie es für deine Utensilien am besten passt. Auch an der **Lochwand** sortierst du deine Gerätschaften nach Kategorien, innerhalb dieser reihst du sie nach Größe auf. So ist der passende Schraubenschlüssel schnell gefunden. Dübel, Dichtungen und andere Kleinteile landen in stapelbaren Kästen, in Schubladenmagazinen oder Aufbewahrungskisten, die in diverse

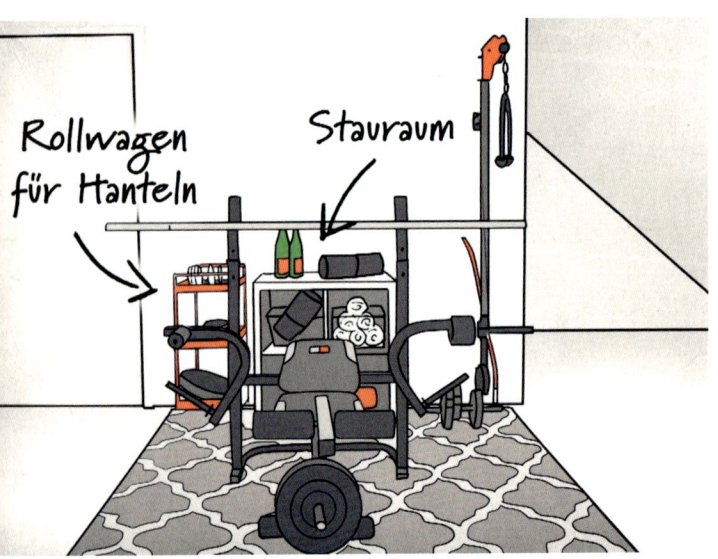

Fächer unterteilt sind. Größere Werkzeuge, wie etwa Akkubohrer oder Schwingschleifer, finden ihren Platz in Metallkörben oder Kunststoffboxen, die wiederum in den Regalen stehen. Ob an der Lochwand oder an den Kisten: Label zeigen, welches Teil wohin gehört.

Halterungen kannst du Tische und Bänke an den Wänden aufhängen – am besten horizontal. So kannst du den Stauraum darunter für andere Dinge nutzen, zum Beispiel für Haken, an denen du Campingstühle aufhängst.

WANDHALTERUNGEN PRÜFEN

*Ob Fahrräder oder Bierzeltgarnitur: Bitte achte darauf, dass die ausgewählte **Wand robust genug** ist, um das Gewicht der vorgesehenen Gegenstände zu tragen. Die Garagenwand kann das problemlos leisten, ebenso die im Keller. Im Gartenschuppen musst du unter Umständen darauf achten, die Halterungen ausschließlich an den senkrechten, stabilen Hölzern zu montieren.*

ZUSÄTZLICHE TISCHE & STÜHLE

Eine Bierzeltgarnitur ist praktisch, wenn mit Freunden und Familie gegrillt wird. Doch wohin damit, wenn sie gerade nicht im Einsatz ist? Natürlich kannst du Klappmöbel an die Wand oder in eine Ecke lehnen – wenn ausreichend Platz vorhanden ist. Ist dieser aber knapp, geht es zum Lagern der Möbel **in die Vertikale**: Mit den passenden

Ist die Freiluftsaison vorbei, räumst du Tisch, Stühle und auch Sonnenliegen wieder zurück nach drinnen. Alles, was sich nicht zusammenklappen und an der Wand verstauen lässt, kannst du aufeinanderstapeln. Fehlt dir der Platz, schützt eine **robuste Folie** die Möbel auch draußen vor Wind und Wetter. Polster und Auflagen überstehen die Naturgewalten in den meisten Monaten in praktischen Aufbewahrungsboxen im Freien. Ob sie dort auch den Winter über bleiben dürfen, hängt aber von der Box ab: Manche sind belüftet und sorgen dafür, dass bei kühlen Temperaturen Feuchtigkeit im Inneren kein Problem wird.

Lampions, Lichterketten, Windlichter und andere Deko-Objekte für draußen verstaust du am besten in gelabelten Kisten. Mit weiteren Boxen schaffst du Platz für Grillzubehör und die Outdoor-Spielsachen der Kinder.

LUFTDICHT & WASSERFEST AUFBEWAHRT

*In der Garage wie auch in manchem Keller wird es schnell feucht. Gerade in solchen Räumlichkeiten ist es wichtig, die **passenden Behälter zur Aufbewahrung** zu nutzen. Besonders, wenn die Dinge, die du verstauen möchtest, etwas empfindlicher sind, müssen die Boxen wasserfest und luftdicht verschließbar sein. Kunststoffkisten mit Deckeln, die einfach zugeklickt werden, sind eine gute Lösung.*

GARTENGERÄTE

Rasenmäher, Harke, Astschere und Gießkanne: Zur Pflege eines Gartens braucht es diverse Utensilien. Was zu Beginn der Gartensaison vielleicht noch schick an der Wand lehnt, bildet spätestens nach einigen Wochen des Grabens, Mähens, Pflanzens und Gießens ein sandiges Durcheinander. Hier fehlt Ordnung, keine Frage. Während du alle Dinge zusammenträgst, kannst du gleich schauen, was möglicherweise repariert, geschärft, geölt oder auch aussortiert werden muss. Bevor es wieder ans Einräumen geht, schwinge noch schnell den Besen, um Sand, Laub und Spinnenweben aus dem Gartenschuppen zu entfernen.

Wohin nun mit all den Gerätschaften für die Gartenarbeit? Auf engem Raum ist es wichtig, den Boden freizuhalten. Nutzt du die Vertikale, also die Wände, kannst du wesentlich mehr Dinge unterbringen und leichter Ordnung halten. Im Gartenschuppen sind **Regale** eine gute Lösung, um leere Blumentöpfe, Dünger und Ähnliches aufzubewahren. Diese Regale sollten robust genug sein, um im Winter Töpfe mit frostempfindlichen Pflanzen zu beherbergen. Kleine Utensilien sortierst du in **passende Behältnisse:** Für Gartenhandschuhe eignet sich ein Metallkorb, denn hier können die Handschuhe luftiger nachtrocknen als in einer Plastikkiste. Für Samentütchen, Schildchen für die Aussaat, Bindedraht und Klammern dagegen ist eine geschlossene Box praktisch, die im Inneren in einzelne Fächer unterteilt ist. Auch Säcke und Tüten mit Dünger bewahrst du in Kunststoffboxen auf. So kann nichts umkippen – und rieseln doch mal ein paar Hornspäne heraus, musst du nicht gleich das ganze Regal fegen. Auf den unteren Brettern ist Platz für Gummistiefel und Garten-Clogs.

Von der Astschere bis zum Unkrautstecher: Geräte hängen am besten an der Wand. Dafür kannst du **spezielle Halterungen** anbauen, in denen die Stiele von Harke, Hacke etc. entweder eingeklemmt oder aufgehängt werden. Manche Utensilien hängen

allerdings einfacher (und zuverlässiger) an einer Schraube oder einem Haken. Wenn die Schuppenwand aus schlichten Brettern zusammengezimmert ist, kann es sinnvoll sein, sämtliche Haken und Halterungen nebeneinander auf Leisten zu befestigen und diese dann an der Wand zu montieren. Solche **Halterungsleisten** kannst du übrigens auch an der Innenseite der Tür anbringen. Für kleineres Werkzeug ist zudem eine Lochplatte ein praktisches Aufbewahrungssystem. Hier lassen sich Scheren, Handjäter und andere Helfer mit einem Griff fixieren.

Egal, ob Hakenleiste oder Lochwand: Alles, was du aufhängst, sortierst du nach Kategorien und Größe. Etiketten über den Aufhängungen sorgen dafür, dass jeder weiß, wohin das Werkzeug nach dem Einsatz wieder gebracht wird. So hast du nicht nur alles beisammen für die verschiedenen Arbeiten, es sieht auch noch richtig schick aus.

Statt sich verknotet auf dem Boden zu winden, hängen Schläuche aufgerollt an speziellen **Schlauchhalterungen**. Hier ist auch Platz für Seile. Diese kannst du alternativ von Garderobenhaken baumeln lassen. Ebenfalls clever für die Wand: Fadenspender, die Gartengarn aufnehmen und es – ganz ohne Knoten – wieder abspulen.

Ist alles in Regalen und an Haken verstaut, bleibt auf dem Boden Platz für den Rasenmäher und Säcke voller Humus und Rindenmulch. Diese kippen allerdings leicht um oder reißen auf. Schön ordentlich und praktisch sind große Boxen auf Rollen, die diese Säcke aufnehmen. Außerdem musst du sie so nicht schleppen, sondern kannst den Container mit der Pflanzerde einfach umherschieben.

AUF DIE SCHNELLE

- Ab an die Wand: **Kleinteiliges**, wie Zangen, Schraubenschlüssel und Scheren, kannst du bestens an einer Lochwand unterbringen. Flexible Hakensysteme kannst du passend einrichten.

- **Größeres Werkzeug** hängst du im Gartenschuppen an speziellen Halterungen oder Haken auf.

- Auch **besonders sperrige Dinge**, wie etwa Fahrräder, Surfbretter oder Bierzeltgarnituren, befestigst du mit großen Haken oder speziellen Halterungen an der Wand.

ALLE IN EINEM BOOT

Claudia & Arnd wohnen auf dem Wasser

Ein wenig seefest muss man schon sein, wenn man Arnd und Claudia Zumbansen besucht. Denn während andere Erholungssuchende ihre Wochenenden im Schrebergarten oder im Häuschen im Grünen verbringen, zieht es das Paar aufs Hausboot. Schon auf dem Weg zur Haustür kommt Urlaubsflair auf: Vorbei an Motorbooten und einem Ausflugslokal geht es über den langen Steg bis zum schwimmenden Domizil. Mitten in Köln-Sürth liegt es im Rhein vor Anker.

Vor den Fenstern ziehen die Schiffe vorbei, auf der Dachterrasse landen Wasservögel zur Stippvisite, auf der Flussoberfläche tanzen Sonnenstrahlen. Wie kommt man zu einem solch außergewöhnlichen Wohnsitz? „Wir wohnen in Gütersloh, ursprünglich komme ich aber aus Köln", erklärt Claudia. „Eine kleine Unterkunft in dieser Stadt war schon ein Weilchen unser Wunsch, für die Wochenenden und damit Arnd Projekte hier betreuen kann. Bei unserer Affinität zum Wasser ist ein Hausboot auf dem Rhein doch sehr naheliegend." In Anbetracht des leergefegten Kölner Wohnungsmarkts eine ausgezeichnete Idee. „Nah an der urbanen Infrastruktur, aber umgeben von der Natur, besser geht's nicht", schwärmt Arnd.

Als die beiden bei ihrer Haussuche probeweise eine Nacht auf einem Hausboot im Sürther Motorboothafen verbrachten, waren sie vollkommen verliebt. Allerdings nur in den Liegeplatz. Das Boot selbst entsprach dagegen nicht ihren Vorstellungen. Weil Arnd Architekt ist, lag es nahe, selber eines zu entwerfen. Für die erforderliche Bootstechnik fand er Unterstützung in einem erfahrenen Partner aus dem Schiffsbau. Ganz nebenbei war auch gleich ein neues Geschäftsmodell geboren: Hausboote mit hohem Designanspruch. Wie hoch die Lust auf das Leben auf dem Wasser ist, zeigen die vielen Interessenten, die der Architekt immer wieder durch sein schwimmendes Domizil führt. Hier zeigt er, was auf 50 Quadratmetern an Wohnqualität möglich ist. Die äußeren Grenzen setzten die gesetzlichen Vorgaben: Auf dem Rhein sind nur Boote mit einer Länge von maximal 15 Metern zulässig. Natürlich ist auch die Breite begrenzt – in diesem Fall auf 5,50 Meter.

Wie schafft man es, auf dieser Grundfläche möglichst viel Wohnraum unterzubringen und gleichzeitig das fantastische Panorama in Szene zu setzen? Die Lösung: Zur Stegseite hin ist der Wohnkubus weitestgehend geschlossen. Das sorgt nicht nur für Privatsphäre, die fensterlosen Wände bieten auch dringend benötigte Stellmöglichkeiten. Zur Wasserseite dagegen öffnet sich die Architektur vollkommen. Glasfronten holen den Fluss und das gegenüberliegende Ufer in die Wohnräume und lassen das Licht ungehindert fluten. Die Umgebung kann man allerdings nicht nur von drinnen bewundern: Eine Veranda vor dem Wohnbereich und eine Dachterrasse bieten die beste Aussicht, samt sanfter Brise. Dass das kleine Haus eigentlich ein fahrtüchtiges Schiff ist, errät man im Inneren kaum. Es versteht sich von selbst, dass die beiden Besitzer vorab einen Sportbootführerschein machen mussten, um ihr Zuhause steuern zu dürfen. Der

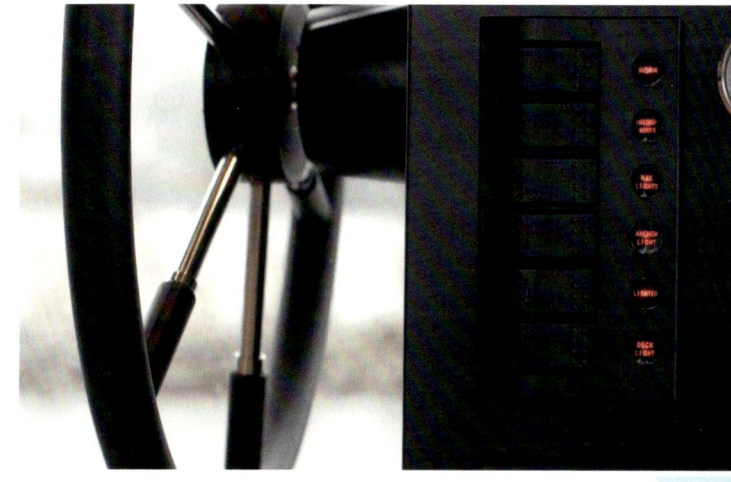

schallgedämpfte Motor sitzt im Rumpf, ein Großteil der Technik versteckt sich im Fahrstand im Wohnzimmer – den man auf den ersten Blick nur am Steuerrad erkennt. Dank Sonnenkollektoren auf dem Dach ist das Hausboot vollkommen autark.

Grifflose Schrankfronten in neutralem Weiß ziehen sich entlang der Wände in Küche und Schlafzimmer. Holzdielen und eine Arbeitsplatte aus Eiche bringen gemeinsam

mit sanften Cognac- und Senftönen Wärme in die schnörkellose, moderne Architektur. Dimmbare LEDs, Kerzen, ein flackernder Ofen und eine Feuerschale sorgen für Gemütlichkeit. „Ich liebe diese Verbindung von Wasser und Feuer", schwärmt Claudia, die für die Inneneinrichtung zuständig ist. In Sachen Möbeln musste sich das Paar reduzieren, schließlich ist der Platz begrenzt. Multifunktionalität ist Trumpf: So dient das kuschelige Ecksofa Gästen als Schlafplatz und die Verlängerung des Küchentresens lässt sich zum Esstisch für Dinner mit Freunden umfunktionieren. Stauraum ist kostbar, wenn man auf kleiner Fläche wohnt. Claudia und Arnd haben clevere Lösungen gefunden, ihr Hab und Gut unsichtbar unterzubringen. Denn ist der Wohnraum aufgeräumt und sind die Flächen frei, wirkt alles schön großzügig. Der Fernseher beispielsweise versteckt sich im Küchentresen. Die Küchenschränke, die bis unter die Decke reichen, beherbergen nicht nur Geschirr und Lebensmittel, sondern auch Teile der Elektrik. Im Bad verstaut ein breiter Unterschrank die notwendigen Utensilien. Und im Schlafzimmer finden Dinge nicht nur unter dem Bett Platz. Auch die Schrankwand, die sich von einem Ende des Raumes bis zum anderen zieht, birgt alles Notwendige.

Doch den Stauraum zu haben, ist eine Sache – ihn auch effektiv zu nutzen, eine ganz andere. Wie schwierig es sein kann, alles Hab und Gut unterzubringen, merkte

Claudia bei der Überführung ihres Hausboots vom Produktionsplatz in Tschechien zum Liegeplatz in Köln. „Für die Crew von sechs Leuten hatte ich Lebensmittel für zehn Tage eingekauft – da kam so einiges zusammen und es wurde wirklich eng in den Schränken." Natürlich war das eine Ausnahmesituation, aber auch im Alltag ist ein cleveres Ordnungssystem gefragt. Hier kam Isabella zur Hilfe. „Ihr Einsatz war wirklich eine riesige Erleichterung", schwärmt Arnd. „Du suchst nicht mehr so viel und alles ist immer griffbereit." Die Ordnungsfachfrau nahm zunächst die Küche unter die Lupe. Sämtliche Lebensmittelvorräte wurden dekantiert und in durchsichtige Kunststoffbehälter umgefüllt. „In unseren hohen Schubladen nutzen wir jetzt hohe Gefäße. Das ist echt praktisch, so bringen wir wesentlich mehr unter", erklärt Claudia. Dieses Prinzip gilt nicht nur für Lebensmittel, sondern auch

für Besteck. Klemmstangen halten Konservendosen und Flaschen in den Schubladen in der Spur. Und auf Drehtellern sind alle Gewürze aufgeräumt und greifbar. Selbst im Kühlschrank herrscht jetzt dank durchsichtiger Kunststoffbehälter Ordnung. In der großen Schrankwand im Schlafzimmer sorgen Filzboxen mit Griffen dafür, dass Kleidung und andere wichtige Dinge sortiert und problemlos erreichbar sind – vor allem in den obersten Fächern. „Ich liebe außerdem die schmalen, mit Samt bezogenen Bügel. So passt einfach viel mehr Kleidung an die Stangen", freut sich Claudia. Und auch für Arnds vollwertiges Homeoffice ist in diesem Schrank jetzt ausreichend Platz. Der zur Verfügung stehende Raum ist also optimal genutzt. Dem Paar gefällt das System so gut, dass es auch für die Gütersloher Küche übernommen würde. „Auslöser waren Lebensmittelmotten", erinnert sich Arnd. „Und jetzt haben wir dort ebenfalls praktische, gut verschlossene Behälter und eine schicke Ordnung." Doch diese Ordnung zu schaffen, war nicht ganz einfach. Claudia: „Mir fällt es nicht so leicht, mich von Dingen zu trennen. Ein Coach hilft da sehr." Und Arnd fügt hinzu: „Es ist auch nicht so einfach, dieses System beizubehalten. Wenn man in Eile ist, legt man schnell mal etwas irgendwo ab, um es später wegzuräumen. Aber gerade bei unserem offenen Raumkonzept und dem geringen Platz ist Disziplin gefragt."

Die Belohnung für das neue Ordnungskonzept und die entsprechende Disziplin ist ein aufgeräumtes und entspanntes Wohngefühl auf dem Hausboot. Claudia schwärmt vom Espresso morgens im Bett, während draußen vor der Fensterfront das Leben auf dem Fluss in den Tag startet. Arnd dagegen mag die Pause auf der Veranda, mit Hund Paul im Arm und dem Wasser im Blick. Das ist Entspannung pur. Dauerhaft möchte er allerdings sein Büro nicht aufs Wasser verlegen: „Ich liebe das Pendeln zwischen den Welten."

ERINNE-RUNGEN & SOUVENIRS

Die ersten Milchzähne der Kinder oder schwarzer Sand aus dem Teneriffa-Urlaub, Fotos von der Großfamilie und die gepressten Blümchen vom Heiratsantrag: Es gibt so viele Dinge, an denen kostbare Erinnerungen hängen. Sie alle verdienen einen würdigen Aufbewahrungsort, damit sie niemals verloren gehen – aber auch nicht überall in der Wohnung herumfliegen.

WEISST DU NOCH?

EMOTIONAL BEHAFTETE STÜCKE IN SZENE SETZEN

SOUVENIRS & ERINNERUNGEN

Auf dem Sideboard und in der Schreibtischschublade, im Nachttisch und im Karton unter dem Bett: Erinnerungsstücke verteilen sich in der ganzen Wohnung. Mach dir die Mühe und krame sie alle hervor. Denn auch hier gilt: Bevor du all die Schätze bestens sortiert wieder einräumst, musst du sie genau **unter die Lupe nehmen**. Von kaum etwas fällt der Abschied so schwer wie von Souvenirs und Gegenständen, an denen schöne oder auch schmerzhafte Erinnerungen hängen. Manches bewahrt man auf, weil man es geschenkt bekommen hat und nicht wegwerfen mag. Solche Dinge dürfen als erste gehen. Gegen das schlechte Gewissen hilft es manchmal, ein Foto zu machen und dieses in einem besonderen Album abzulegen. Das gilt natürlich auch für andere Erinnerungsstücke, die du eigentlich nicht mehr brauchst, die du aber einfach nicht wegwerfen magst. Wichtig ist, dass du dir klar machst: Die Erinnerungen leben in dir weiter. Behalte deshalb nur die Gegenstände von ideellem Wert, die dich wirklich glücklich machen. Fällt es dir sehr schwer, dich von Souvenirs und Dingen aus deiner Vergangenheit zu trennen, lies noch einmal die Tipps auf Seite 32.

Hast du dich von allem verabschiedet, was du in deinem Leben nicht mehr brauchst, bekommen die Schätze, die **glückliche Erinnerungen** versprühen und bleiben dürfen, passende Plätze. Das Einfachste ist, sie in Kisten zu verstauen – am besten in besonders schönen Schachteln und Boxen. Für größere Stücke findest du vielleicht einen antiken Koffer oder eine kleine Holztruhe. Hast du so viele Dinge, dass eine Kiste nicht reicht, sortiere deine Memorabilien nach Kategorien. Das schon fast fadenscheinig geliebte Kuscheltier aus Kindertagen landet in der einen Box, Briefe in einer anderen. Wobei Briefe und alte Schulzeugnisse natürlich auch in Ordnern abgeheftet oder in Hängeregistern abgelegt werden können.

Jedes Familienmitglied bekommt eine eigene **Erinnerungskiste**. Diese kannst du deinen Kids mitgeben, wenn sie eines Tages ausziehen – gefüllt mit den schönsten Meilensteinen ihrer Kindheit, von den Babyschuhen bis zum ersten Zahn.

Die liebsten Schätze dürfen aber auch ruhig schick in Szene gesetzt werden. So hast du sie immer im Blick. Diese süße Mütze, die Oma für ihre erste Enkelin gestrickt hat, passt zum Beispiel prima in einen **Bilderrahmen**, genauso wie das T-Shirt, auf dem alle Mitglieder deiner Teenie-Lieblingsband verewigt sind. Fotos und Co. vom Baby,

aber auch Eintritts- und Fahrkarten, Bierdeckel und andere Souvenirs deines schönsten Urlaubs kannst du in einem Scrapbook zu einer bleibenden Erinnerungsreise zusammenstellen. In solchen Alben ist Platz für alles, was sich einkleben lässt. Zeichnungen und Zeitungsartikel hingegen können zur Tapete werden. Und Muscheln und Steine drapierst du in schlichten Glasvasen oder Flaschen zu Hinguckern im Regal und auf der Fensterbank.

Gläser mit Deckel, allen voran Einweckgläser, sind überhaupt eine tolle Möglichkeit, um Erinnerungsstücke auszustellen. Diese **„Memory Jars"** kannst du mit Kindheitserinnerungen, aber auch mit Souvenirs füllen. Besonders für Reisemitbringsel eignet sich dieses Ordnungssystem ausgezeichnet: Geldscheine und Münzen, Tickets, Muscheln und andere kleine Schätze kannst du so für jeden Urlaub in einem eigenen Glas ausstellen. Schicke Labels oder Pappetiketten an einer Kordel verraten, welche Reise in welchem Gefäß dargestellt ist. So kommt im Laufe der Jahre eine kleine Ausstellung zusammen.

FOTOS

Sich von Fotos zu trennen, ist ähnlich schwer wie von anderen Erinnerungsstücken. Doch es ist keine Lösung, kistenweise Foto-Chaos aufzubewahren. Auch hier heißt es: Entrümpeln! Bei ähnlichen Motiven behältst du nur eines, unscharfe oder schlecht belichtete Bilder wandern in den Müll. Du bist dir nicht sicher? Dann archiviere das Bild **digital**. Auf externen Festplatten oder in der Cloud ist viel mehr Platz als im Regal. Es bleiben wirklich nur die Fotos, die dir etwas bedeuten. Diese kannst du in speziellen Boxen archi-

vieren – passende Reiter trennen sie nach Jahren, Ereignissen oder Personen. Schöner noch sind **Alben,** die du mit deinen liebsten Fotos füllst. Solche Alben sind übrigens auch tolle Geschenke. Ob du für deine Freundin die lustigsten Erlebnisse seit eurer Schulzeit dokumentierst, deinem Partner ein Album mit Erinnerungen an euer bisheriges gemeinsames Leben zusammenstellst

oder für deine Eltern die ganze Großfamilie zwischen zwei Buchdeckel bringt: Diese Schätze werden garantiert immer wieder angeschaut.

GALLERY WALL

*Manche Fotos sind zu schön, um in der Cloud, einer Box oder im Album zu verschwinden – sie müssen einfach **an die Wand**. Eine Gallery Wall ist eine tolle Möglichkeit, um deine schönsten Fotos immer im Blick zu haben. Dafür kannst du sie auf hochwertigem Fotopapier ausdrucken (lassen), dich aber auch für aufwendigere Lösungen entscheiden, vom Druck auf Leinwand bis zum Druck auf Acrylglas. Platz ist für diese persönlichen Kunstwerke im Wohnzimmer genauso wie im Treppenaufgang oder im Schlafzimmer.*

Du besitzt noch **Videos oder Kassetten**, auf denen kostbare Erinnerungen zu sehen oder zu hören sind? Dann lasse diese digitalisieren. Auf CD, DVD oder als MP3 kannst du sie nicht nur platzsparender aufbewahren, du musst auch nicht lange nach einem alten Abspielgerät suchen.

KINDERKUNST

Vom ersten Krickelkrakel mit Fingerfarbe bis zum detailliert dargestellten Prinzessinnenschloss samt Drachenangriff: Kinder produzieren die schönsten Kunstwerke. Manche von ihnen bringen täglich stapelweise Bilder aus dem Kindergarten mit, andere greifen eher selten zum Wachsmalstift. Egal, welche Sorte Künstler du zu Hause hast, einige dieser Werke solltest du unbedingt aufbewahren. Andere dürfen nach einer kurzen Frist wieder gehen. Eine gute Idee ist es, den Namen des Künstlers oder der Künstlerin und das Datum auf der Rückseite zu vermerken. Kinderkunst kann man natürlich abfotografieren und **digital archivieren**. Originale finden Platz in Hängeregistern, Zeichenmappen und Scrapbooks. Die schönsten Werke allerdings solltest du besonders in Szene setzen. Das eine oder andere Exemplar kannst du abfotografieren und auf ein Shirt, ein Puzzle oder auch einen Kalender für die Großeltern drucken lassen. Andere finden ihren Platz an der Wand – schön gerahmt.

Für kleine Künstler ist es toll, wenn sie selbst bestimmen können, welche ihrer Werke sie gerade ausstellen möchten. Deshalb sind **kindertaugliche Galerien** eine gute Idee. Im Kinderzimmer solltest du unbedingt einen Platz an der Wand dafür freiräumen. Aber vielleicht ist auch Raum für eine Kindergalerie im Wohnbereich oder im Flur? Wichtig ist, dass die Bilder, ob gezeichnet, getuscht oder geklebt, schnell und problemlos ausgetauscht werden können. Das funktioniert mit Wäscheklammern als Bilderhalter an einer Holzleiste oder auch an einer Schnur, die von links nach rechts gespannt ist. Genauso eignen sich aber auch an der Wand befestigte Klemmbretter oder Hosenbügel. Alternativ dazu kannst du eine große Spanplatte an der Wand zur Galerie erklären, an die die Bilder mit Masking Tape geklebt werden.

Bei bastelfreudigen Kindern sind etliche Kunstwerke **dreidimensional**. Im Herbst beispielsweise bringen die Kids jedes Jahr selbst gestaltete Laternen aus der Kita mit nach Hause. Zu Ostern wiederum gibt es den tollsten Schmuck aus Eierkartons und Pappmaschee. Und dazu all die Figuren aus Knete, Perlen und Stöcken. Auch hier gilt: Fotografisch für die Ewigkeit festhalten und nur aufbewahren, was besonders am Herzen liegt. Boxen mit Deckel sind gute Orte für diese Kunstwerke. Es lohnt sich, sie jedes Jahr zu durchstöbern und zu schauen, ob vielleicht doch die eine oder andere Kunst durch eine neue ausgetauscht werden kann. Die aktuellsten Stücke bekommen bestimmt einen Ehrenplatz im Regal oder auf der Fensterbank.

AUF DIE SCHNELLE

- Digitalisiere all die **Erinnerungsstücke, die du nicht so richtig gehen lassen magst**.

- Stelle die **schönsten Exemplare** aus – in Bilderrahmen oder Einmachgläsern.

- Hänge **Kinderkunstwerke** so auf, dass die kleinen Künstler sie selbst austauschen können.

SCHWIERIGE ECKEN

Raum ist in der kleinsten Hütte. Dieser alte Spruch mag mitunter wie Hohn erscheinen, wenn man gerade versucht, Dinge unter Dachschrägen oder in winzigen Zimmern unterzubringen. Doch keine Sorge, es gibt für jedes Problem die richtige Lösung, um so viel Stauraum wie möglich zu schaffen.

ABRAKADABRA!

STAURAUM EINFACH „HERZAUBERN"

DACHSCHRÄGEN

Unter dem Dach wohnt es sich schön gemütlich, aus den Fenstern kann der Blick weit schweifen. Die Dachschrägen sinnvoll zu nutzen, ist allerdings oft eine Herausforderung – vor allem, wenn man Stauraum schaffen möchte. **Kniestock** oder auch Drempel nennt man die senkrechte Wand vom Boden bis zu dem Punkt, an dem die Schräge beginnt. Je höher der Kniestock, desto besser lassen sich Regale und sogar Schränke aufstellen. Aber auch wenn der Drempel relativ niedrig ist, kannst du hier Platz für Dinge einrichten.

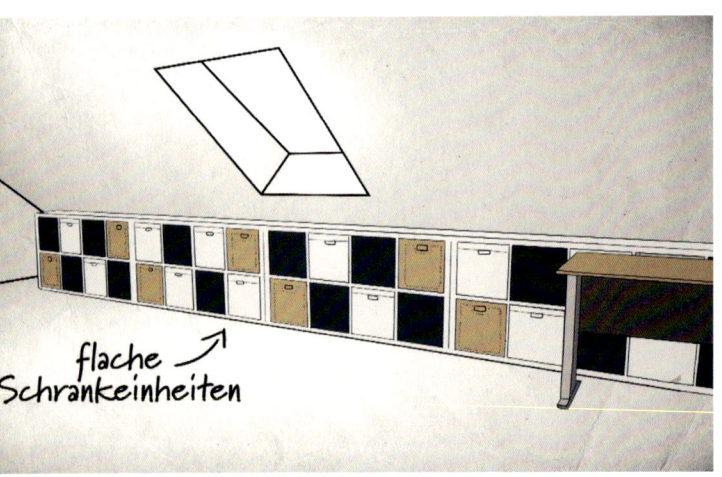
flache Schrankeinheiten

Kommoden, geschlossene Sideboards oder niedrige Schränke sind eine optimale Lösung. Stellst du **eine Reihe identischer Möbel** über die gesamte Breite der Wand, gewinnst du nicht nur jede Menge Stauraum, sondern versteckst auch ganz nebenbei die tiefe, dunkle Nische, in der du zusätzlich sperrige, selten benutzte Dinge lagern kannst. Durch die geschlossenen Fronten entsteht eine einheitliche Fläche, die den Raum großzügiger erscheinen lässt. Platzierst du auf der einen Seite eine Reihe Kommoden und ihnen gegenüber hohe Schränke, nutzt du den Bereich besonders effektiv als Lagerraum – oder auch als Ankleidezimmer. Möchtest du lieber niedrige, offene Regale aufstellen, füllst du deren einzelne Fächer mit identischen Körben oder Boxen, um die Lücke hinter den Möbeln zu verstecken.

Natürlich musst du dich nicht auf den Kniestock beschränken, du kannst auch die Schräge selbst als Stauraum nutzen. Das funktioniert mit **verstellbaren Wandkonsolen**. Sie passen sich jedem Winkel an und liefern so praktische Regalflächen auch an Wänden, die nicht senkrecht stehen. Eine gute Idee, wenn du zum Beispiel deinen Arbeitsplatz unter der Dachschräge einrichten möchtest. Für versteckten Stauraum kombinierst du offene Regale unter und Wandkonsolen an der Schräge. Bau auch ruhig eine Kleiderstange ein, wenn du sie brauchst. Dieses offene System sollte den Raum so gut wie möglich ausnutzen. Der Clou: Es wird komplett hinter Schiebetüren versteckt, die im geschlossenen Zustand wie eine Wand wirken und das Zimmer größer und schön aufgeräumt erscheinen lassen.

UNTER TREPPEN

Für Stirnseiten an Dachschrägen gilt die gleiche Lösung wie unter Treppen: Du brauchst Möbel, die sich der Schräge anpassen und mit ihr auf- und absteigen. Maßgefertigte Schränke oder Regale nutzen die Nische perfekt und **folgen genau der Neigung**. Alternativ dazu kannst du

Aufbewahrungsboxen

aber auch fertige Regale oder Schrankelemente kaufen, die dann in Stufen der Treppe folgen. Geschlossene Fronten sorgen für einen aufgeräumten Look und lassen diesen Stauraum optisch in den Hintergrund treten. Unter der Kellertreppe dürfen es auch einfach gestapelte Aufbewahrungsboxen sein.

EIN SCHÖNER PLATZ FÜR SCHUHE

Gerade im Eingangsbereich ist der Raum unter der Treppe eine gute Möglichkeit, um Schuhe unterzubringen. Dafür baut man **Auszüge** *ein, die ähnlich wie Apothekerschränke funktionieren und Sandalen, Stiefel und Sneaker beherbergen.*

KLEINE RÄUME

Sind die Räume klein, braucht man clevere Ideen. Gerade bei begrenztem Platz sind **multifunktionale Möbel** das A und O. So wird aus einem Regal mit ausziehbarer Platte bei Bedarf ein Arbeitsplatz. Und ein Sofa, unter dessen Sitzfläche Schubladen eingebaut sind, bietet beispielsweise Platz für Wolldecken, DVDs oder Gesellschaftsspiele. Auch unter der Sitzbank in der Essecke verbirgt sich Platz, um Hab und Gut unterzubringen. Ein weiteres Muss bei kleinen Räumen: Fehlt die Grundfläche, geht es für den Stauraum **in die Höhe.** Regale oder Einbauschränke nutzen die Wand bis unter die Decke aus. Ganz oben werden die Dinge gelagert, die nur selten im Einsatz sind. Fehlt die Stellfläche am Boden, hängst du Sideboards oder Konsolen einfach auf.

AUF DIE SCHNELLE

- Verstecke die (Stauraum-)Nische am unteren Ende der Dachschräge hinter **geschlossenen Möbeln**.

- Folge mit **Regalen oder Schränken** dem Verlauf der Treppe.

- Nutze in kleinen Zimmern die Wände **bis unter die Decke.**

LÄSSIGES LEBEN

Lena & Sebastian mögen es entspannt grün

Urban Jungle ist vielleicht ein bisschen übertrieben. Aber grün ist es schon im Zuhause von Lena und Sebastian. Im Kölner Stadtteil Ehrenfeld sind sie vor Kurzem in ihre neue Wohnung gezogen. Und während vor der Tür das kunterbunte, trubelige Leben des Viertels tanzt, lebt das Paar in einem Ruhepol, in einer entspannten, lichtdurchfluteten Oase. Mit dabei: Sebastians Tochter Sophia, die hier an Wochenenden und in den Ferien wohnt, und die französische Bulldogge Sunny. Alle vier genießen das neue Zuhause in vollen Zügen.

Der dunkle Holzboden verströmt Wärme, die weißen Wände bringen Klarheit in den Raum, und die großen Fenster lenken nicht nur den Blick ins Freie, sondern lassen auch jede Menge Tageslicht rein. Dieses kann frei fließen, denn Küche, Wohn- und Essbereich sind schön offen. „Es wirkt wie ein Loft oder ein Yogastudio", schwärmt Lena. Im Zentrum steht der große Esstisch. Oder besser Multifunktionstisch? Schließlich wird hier nicht nur gegessen, sondern auch gespielt, gequatscht – und gearbeitet, denn sowohl Lena als selbstständige Drehbuchautorin wie auch Sebastian als UX-Texter arbeiten viel von zu Hause aus. Das schicke Stück aus alten Bohlen, die auf einem Metallgestell thronen, trägt definitiv zum Loft-Feeling bei. Und entspricht ganz dem Geschmack der beiden Kreativen, die den Industrial-Style in Kombination mit einer Prise tropischen Flairs lieben. Metall findet sich auch noch in anderer Form, zum Beispiel als Rollwagen oder Regale. Ein kuscheliges Sofa, helle Naturmaterialien und sanfte Beige- und Salbeitöne nehmen dem coolen Material die Härte und machen den Mix gemütlich.

Und natürlich trägt auch das bereits erwähnte Grün seinen Teil zur lässigen Atmosphäre bei. Über dem Sofa prangt ein Stück Wald-Wandtapete. Alle anderen Pflanzen dagegen sind echt und gedeihen dank guter Pflege prächtig. Ob Monstera, Farn oder Kletterphilodendron: Die grünen Mitbewohner

tummeln sich auf Regalen und Rollwagen, bringen Farbe in öde Ecken und finden überall ihre Plätze. „So sieht die Wohnung lebendiger aus und die Luft wird besser", erklärt Pflanzen-Fan Lena. Im Schlafzimmer belegt das Grünzeug sogar ein eigenes Treppchen. Dazu Kerzen, Räucherstäbchen und die ausgerollten Yogamatten: „Das ist unser Tempel. Wir lieben es, vor dem Schlafengehen Musik zu hören oder Yoga zu machen. Dadurch ist jeder Abend wie ein Miniurlaub."

Auch die Küche passt in das Einrichtungskonzept: weiße Schränke, schwarze Arbeitsplatten, grüne Pflanzen. Hinter den Türen allerdings sah es zunächst alles andere als entspannt aus. Lena erinnert sich: „Wir essen gerne Bowls und brauchen dafür viele unterschiedliche Zutaten. Ob Nüsse oder Getreide, alle halboffenen Verpackungen und Tüten flogen herum und es war einfach Chaos." Isabella kam, um Ordnung in Schränke und Schubladen zu bringen. Sämtliche trockenen Lebensmittel wurden dekantiert und in schicke Gläser umgefüllt. Genaue Beschriftungen zeigen, was wo drin ist. Dank der hohen Behälter ist nun wesentlich mehr Platz in den Schränken, alles ist schön aufgeräumt und übersichtlich – selbst im Apothekerschrank. Lebensmittel, Putzsachen und Hundefutter sind strikt getrennt und sinnvoll sortiert. Auch in den Schubladen ist jetzt klar Schiff. Statt in ihren sperrigen Kartons lagern die Spiele platzsparend in Beuteln, und Geschenkpapierrollen samt Bänder sind dank Spannstangen perfekt eingeräumt. Mit diesem neuen System ist es wesentlich einfacher, Ordnung zu halten – wenn man sich Zeit dafür nimmt, alles sofort einzuräumen, und die Lebensmittel dekantiert. Lena lacht: „Sebastian ist da viel gewissenhafter als ich. Ich kümmere mich lieber um die Pflanzen und koche. Und Sebastian räumt dann hinterher auf."

LÄSSIGES LEBEN

HÜBSCH & NÜTZLICH

Natürlich kannst du jede Menge Ordnungshelfer kaufen. Mehr Spaß aber macht es, das eine oder andere Stück selbst zu basteln. Es gibt etliche Ideen mit Gegenständen, die du eh zuhause hast, und die sind dann nicht nur genial, sondern auch noch nachhaltig!

BEMALTE AUFBEWAHRUNGSGLÄSER FÜR HUNDELECKERLIS

Ob Hundekekse oder Kaustangen: Was deinem Vierbeiner schmeckt, sollte ebenso gut verstaut sein wie deine Lebensmittel. Hier ist eine besonders süße Idee, um die Leckerlis aufzubewahren – und zwar in zwei Varianten. Einmal thront ein kleiner Spielzeughund auf dem Deckel des Glases. Bei der zweiten Version sprühst du das Glas dunkel an und lässt dabei ein Guckloch in Knochenform. Übrigens kannst du dieses DIY ganz einfach abwandeln.

MATERIAL:

- Hundefiguren aus Kunststoff
- Klebstoff
- Sprühlack in Schwarz
- große Gläser mit Schraubdeckel
- Sticker „Knochen"

1 Diese Gläser lassen sich in verschiedenen Varianten anfertigen. Für Version 1 klebst du je eine Hundefigur auf dem Deckel eines Glases fest. Anschließend sprühst du Deckel samt Hund mit schwarzem Lack ein. Gut trocknen lassen.

2 Für Version 2, ein Glas mit Guckloch, klebst du einen „Knochen"-Sticker mittig auf das Glas. Achte darauf, dass sich der Sticker problemlos wieder ablösen lässt. Das Glas rundum mit schwarzem Lack einsprühen und gut trocknen lassen. Dann den Sticker vorsichtig abziehen.

SPIELZEUGKISTE AUF ROLLEN

Im Kinderzimmer brauchst du ein Ordnungssystem, das nicht nur Bauklötze von Puzzleteilen trennt: Es muss auch den Kleinen so viel Spaß machen, dass sie freiwillig aufräumen. Diese Monsterkiste ist da der perfekte Helfer. Und weil sie Rollen hat, kannst du sie abends einfach unter den Tisch oder das Bett schieben!

MATERIAL:

- stabile Obstkiste
- Schleifpapier, fein und grob
- Sprühlack in Weiß
- 4 Rollen mit Anschraubplatte
- 8 Schrauben, passend zu den Rollen
- Lackstift in Schwarz
- 2 große Pompons in Weiß
- 2 kleine Pompons in Blau
- bunte Kordel oder buntes Seil
- Klebstoff

1 Damit sich keine Splitter in kleine Finger bohren, schleifst du die Kiste erst mit dem groben, dann mit dem feinen Schleifpapier ab.

2 Sprühe sie dann mit der weißen Farbe an. Dabei kannst du die Maserung des Holzes noch leicht durchscheinen lassen oder du bringst mehrere Schichten auf, damit diese komplett verschwindet.

3 Ist die Farbe getrocknet, schraubst du die Rollen unter die Kiste.

4 Nun malst du mit dem schwarzen Lackstift das Gesicht eines Monsters auf die Kiste: Augen, Nase und Antennen.

5 Auf die großen Augen klebst du die beiden weißen Pompons. Diese bekommen noch Punkte als Pupillen. Die blauen Pompons klebst du an die Antennen.

6 Nun noch die Kordel oder das Seil anknoten, und schon ist die Monsterkiste einsatzbereit.

SELBSTGEMACHTE SCHUBLADENEINSÄTZE

Gummibänder und Büroklammern, Radiergummis und Textmarker: Sie alle verursachen Chaos in Schreibtischschubladen. Gut, wenn du all den Dingen ihre eigenen Plätze zuweist. Doch statt mit fertigen Einsätzen zu jonglieren, bis deine Schublade ausgestattet ist, bastele dir die passenden Behälter einfach selbst. Der Clou: Weil du sie miteinander verbinden kannst, verrutschen sie nicht beim Öffnen der Schublade.

MATERIAL:

- Lederpapier oder Fotokarton, A4 oder A5, je nach gewünschter Größe der Box
- Lineal
- Bleistift
- Lochzange
- Falzbein
- Kleber oder Buchschrauben bzw. Musterbeutelklammern

1 Entlang der Seiten des Papierbogens zeichnest du rundum eine Linie mit einem Abstand von 4cm zum Rand an: So definierst du die vertikalen Seitenteile.

2 Von den Ecken aus zeichnest du kurze diagonale Linien so an, dass diese die Linie außen herum berühren.

3 Sicherheitshalber solltest du sämtliche Linien mit dem Falzbein nachziehen, damit das Papier beim Falten nicht unschön geknickt wird.

4 Die Seiten der Box faltest du nun nach oben, die dreieckigen Eckstücke schlägst du nach links oder rechts um.

5 Jetzt geht es ans Befestigen. Du kannst die Boxen zusammenkleben oder sie mit Buchschrauben oder mit Musterbeutelklammern stabilisieren.
a) Wenn du mit Klebstoff arbeiten möchtest, gib welchen in das Innere der Ecken und drücke diese fest zusammen. Anschließend klebst du die Dreiecke von außen an die Box an.
b) Um die Boxen zu schrauben oder zu klammern, stanzt du mit der Lochzange jeweils einmal durch die Seitenwand und die umgeklappten Dreiecke. Anschließend befestigst du die Schrauben oder Klammern in diesen Löchern.

6 Möchtest du Schachteln miteinander verbinden, stellst du sie nebeneinander, steckst je eine Schraube oder Klammer durch zwei gegenüberliegende Löcher in den Boxenwänden und fixierst sie so aneinander. Alternativ an den langen Seiten zusammenkleben.

HÜBSCH & NÜTZLICH | 133

LADEKABELSTATION MIT KOPFHÖRERHALTER

Smartphone, Tablet, Kamera … alles funktioniert kabellos – bis der Akku aufgeladen werden muss. Und schon hast du den (Kabel-)Salat. Um den Mehrfachstecker und das Kabelchaos zu verstecken, baust du dir einfach eine hübsche Ladestation: Im Inneren verschwinden sämtliche Kabel, außen klemmen die Kopfhörer, und schon herrscht wieder Ordnung.

MATERIAL:

- Akkubohrschrauber mit 2 Bohraufsätzen, Ø 1,5 cm + kleiner
- Holzbox mit Deckel
- Schleifpapier, fein
- Säge
- Sprühlack in Weiß
- Pinsel
- Lack in Gold
- breites Lederband
- Klettband
- Musterbeutelklammer
- Lochzange

1 Wie viele Geräte müssen aufgeladen werden? Bohre entsprechend viele Löcher an der Vorderseite der Box (am besten vorher anzeichnen!). Anschließend glättest du die Lochränder mit feinem Schleifpapier.

2 Auf der gegenüberliegenden Seite sägst du einen Schlitz von etwa 3 cm Länge und 1,5 cm Breite aus: Hier werden die Kabel durchgeschoben. Die Sägeränder glattschleifen.

3 Sowohl den Deckel als auch die Kiste sprühst du mit weißer Farbe ein. Ist diese getrocknet, bringst du mit Hilfe des Pinsels ein paar schicke Sprenkel Goldlack auf.

4 In eine der schmalen Seiten der Box bohrst du oben mittig ein kleines Loch: Hier wird das Aufbewahrungsband für die Kopfhörer angebracht.

5 Falte nun das Lederband einmal um und stanze ein Loch in eines der Enden. Dann klebe auf beiden Seiten an den Enden (auf der Seite mit dem Loch das Loch freilassen) innen das Klettband fest – auf der einen Seite den Teil mit den Häkchen, auf der anderen Seite das Vlies.

6 Stecke die Musterbeutelklammer durch das Loch im Leder und fixiere das Lederband damit in dem kleinen Loch an der Schmalseite der Box. In die Schlaufe des Bandes die Kopfhörer einlegen und die Enden zusammenkletten.

DAMIT ES SO BLEIBT

Oh, wie schön! Alles ist verstaut, nichts liegt herum, nirgendwo stapeln sich Dinge. Jetzt musst du diese grandiose Ordnung nur noch beibehalten. Das ist leichter gesagt als getan? Nicht, wenn du dir ein paar praktische To-dos angewöhnst und vor allem einige Gewohnheiten etablierst, die deinen Alltag so viel leichter machen werden.

DOS & DON'TS

REGELN FÜR DAUERHAFTE ORDNUNG

Du hast so tapfer ausgemistet, entrümpelt und entsorgt, dann soll jetzt bitteschön auch Ordnung einkehren. Und zwar ohne dass sich das Chaos irgendwo durch die Hintertür einschleicht. Kein Problem: Damit dein Ordnungssystem solide und dauerhaft funktioniert, beachte nur ein paar Regeln.

MACH PLATZ!

Heute liegt der Schlüssel im Schälchen auf dem Sideboard, morgen findest du ihn auf dem Schränkchen neben der Tür, übermorgen in der Küche. Falsch. Jeder einzelne Gegenstand in deinem Zuhause braucht einen festen Platz, denn ohne diesen kehrt schnell wieder Chaos ein. Das liegt nicht nur daran, dass der Schlüssel wahllos durch die Wohnung wandert und irgendwann vielleicht unauffindbar wird, sondern auch daran, dass falsch abgelegte Dinge weitere Dinge anlocken. Hängt erst einmal eine Jeans über dem Badewannenrand, hängen ruckzuck Shirts und Pullis daneben. Werden stattdessen alle Gegenstände **gleich nach Benutzung** an ihre angestammten Plätze zurückgelegt, kann Häufchenbildung gar nicht erst entstehen.

Hier ist gerade Platz, deshalb bleibt das Teil jetzt für immer hier? Besser nicht. Beachte folgende Kriterien, wenn du dein Hab und Gut im Haus platzierst.

Kategorien. Alle Gegenstände lassen sich Kategorien zuordnen – ob Angelzubehör, Beautyprodukte oder Comics. Innerhalb mancher Einteilungen geht es dann in Unterkategorien detaillierter weiter: Lebensmittel kann man in Konserven, Gewürze, Backzutaten, gekühlte Waren und so weiter einteilen. Mitglieder einer Kategorie oder Unterkategorie sollten möglichst gemeinsam aufbewahrt werden.

Nutzung. Eine weitere Rolle spielt die Häufigkeit der Nutzung: Was braucht man nur selten, was aber mehrmals täglich? Die nur sporadisch eingesetzten Dinge dürfen im Schrank ganz oben oder sogar im Keller gelagert werden. Andere, die ständig im Einsatz sind, sollten schnell griffbereit sein. Außerdem müssen Gegenstände dort platziert werden, wo sie gebraucht werden. So sind Kochlöffel und Gewürze in der Nähe des Herdes wichtig, Zahnputzsachen und Reinigungskosmetik wiederum in der Nähe des Waschbeckens.

Optik. Wo genau ein Buch oder ein Gewürz seinen Platz findet, kann zum Beispiel eine alphabetische Sortierung bestimmen. Wobei man Bücher genauso wie Kleidung auch nach Farben einräumen kann. Manche Gegenstände werden nach Größe aufgereiht, etwa von klein zu groß oder von kurz zu lang.

KEINE HÄUFCHENBILDUNG

Hotspots in der Wohnung sind Orte, an denen schnell ein kleines Chaos droht. Ihre Entstehung basiert auf dem Gedanken: „Ich räume das später weg." Der Esstisch ist dabei genauso in Gefahr wie das Sideboard im Flur oder die Arbeitsfläche neben der Spüle. Schlüssel und Mützen, Schulhefte und Briefe, dreckiges und sauberes Geschirr locken schnell weitere Dinge an. Ist der eine Hotspot „voll", bildet sich schnell der nächste. Diese kleinen **Chaoshäufchen** lassen das Zuhause ungemütlich wirken. Was du dagegen tun kannst? Kontrolliere regelmäßig, ob du irgendwo im Haus Hotspots entdeckst. Der gesamte Kram, den du dabei findest, landet erst einmal in einer großen Kiste und wird anschließend weggeräumt. Vielleicht wirfst du das eine oder andere Ding aber auch gleich in den Müll. Ganz wichtig, um zukünftige Hotspots zu vermeiden: Ob Geschirr, Schlüssel oder Briefe, alles wird immer sofort an seinen Platz gelegt.

EINS REIN, EINS RAUS

Diese Regel sorgt dafür, dass dein Besitz nicht ständig wächst und wächst. Für jeden Gegenstand, der neu ins Haus kommt, **muss ein alter gehen**. Du kaufst dir einen druckfrischen Schmöker? Dann verschenke einen alten, ausgelesenen. Für den schicken neuen Kaffeebecher verschwindet der alte, angeschlagene. Natürlich macht es Sinn, bei dieser Methode innerhalb einer Kategorie zu tauschen. Es funktioniert aber auch anders: Wenn es gerade nicht passt, kann für das hübsche neue Kissen beispielsweise der überflüssige Tennisschläger gehen, mit dem keiner mehr spielt. Hauptsache, ein Gegenstand verlässt das Haus, sobald ein neuer kommt.

Diese Regel vermeidet nicht nur die Anhäufung von Zeugs. Sie kann auch helfen, **achtsamer** zu kaufen. Fällt dir schon im Geschäft nichts ein, was aus deinem Schrank zu der hübschen Bluse passt, bleibt sie vielleicht besser dort hängen.

HILFREICHE GEWOHNHEITEN & ROUTINEN

ORDNUNG NEBENBEI IST MÖGLICH

GUTE GEWOHNHEITEN

Sport machen und an die frische Luft gehen, viel Obst und Gemüse essen, vor dem Schlafengehen Zähneputzen – es gibt so viele gute Angewohnheiten. Warum nicht auch welche etablieren, die dein Zuhause ordentlich halten? Mit ein wenig Geduld und ein wenig mehr Disziplin sind sie bald eine **Selbstverständlichkeit**. Im Durchschnitt dauert es etwa 66 Tage, bis aus einer Aufgabe, über die man nachdenkt, an die man sich aktiv erinnert und zu der man sich möglicherweise auch zwingen muss, eine Gewohnheit wird. Das Gute an guten Angewohnheiten? Wenn sie sich erst einmal im Alltag und im Gehirn breitgemacht haben, wenn sie selbstverständlich geworden sind, fühlen sie sich nicht mehr nach Arbeit an. Du erledigst sie automatisch, ohne groß darüber nachzudenken. Perfekt, Ziel erreicht.

SCHRITT FÜR SCHRITT ZU NEUEN GEWOHNHEITEN

Hast du dir erst einmal neue Verhaltensweisen rund ums Aufräumen angewöhnt, ist es kein Aufwand mehr, die Ordnung dauerhaft zu halten. Eine ungewohnte Handlung implementiert sich allerdings leider nicht von heute auf morgen. Es dauert seine Zeit und es braucht Ausdauer und Geduld. Aber dieser Einsatz lohnt sich. Diese Schritte helfen dabei, neue Gewohnheiten zu erlernen:

1. Formuliere die neue Angewohnheit. „Ich möchte in Zukunft ordentlicher sein", reicht nicht aus. Je konkreter du deine Aussagen triffst, desto leichter wird es für dich sein, sie in die Tat umzusetzen. „Ich wische Waschbecken und Wasserhahn nach dem Zähneputzen trocken." – „Ich räume benutztes Geschirr sofort in den Geschirrspüler." – „Ich lege Dinge nicht kurzzeitig irgendwo ab, sondern bringe sie immer gleich an ihren Platz." So in etwa sollten deine Ziele lauten: eben deutlich formuliert.

2. Mach Baby-Steps. Nimmst du dir zu viel vor, ist Frust vorprogrammiert. Früher oder später wirst du dein neues Programm wieder über den Haufen werfen. Gehst du es aber in kleinen Etappen an, überforderst du dich nicht. Jeder kleine Fortschritt zählt. Nach und nach wird sich die neue Gewohnheit in deinem Alltag verankern.

3. Notiere alles. Schön, wenn du dir normalerweise Dinge ganz leicht merken kannst. Im Alltag aber gehen Kleinigkeiten leicht unter – wie beispielsweise die kleinen

Schritte deiner neuen Gewohnheit. Deshalb kann es sehr hilfreich sein, sie schriftlich festzuhalten. Klebe dir ein Schildchen ans Waschbecken, das dich daran erinnert, es nach dem Benutzen trockenzuwischen. Notiere dir deine Aufgaben oder führe Strichlisten. Wer mag, holt sich Unterstützung durch eine App. *Habit Guru* beispielsweise hilft dir, gute Angewohnheiten aufzunehmen und schlechte abzulegen.

4. Lasse keine zweiten Ausnahmen zu. Du warst gestern Abend zu müde, um den Schreibtisch im Homeoffice aufzuräumen, obwohl du die Papiere jeden Tag nach der Arbeit sortieren wolltest? Kein Problem. Achte aber darauf, dass dir das heute nicht wieder passiert. Es braucht Disziplin, um den Plan möglichst strikt durchzuziehen. Ausnahmen sind erlaubt, aber eben nicht zweimal hintereinander, weil sonst der Schlendrian einzuziehen droht.

5. Beziehe andere mit ein. Manchen Menschen hilft der Druck, der sich aufbaut, wenn sie Mitmenschen von ihrem Vorhaben erzählen. Verkündest du in deinem Umfeld, was du planst, kannst du nicht mehr so leicht einen Rückzieher machen. Vielleicht möchtest du sogar einen Vertrag mit jemandem abschließen und so die Umsetzung deiner Pläne einem vertrauten Menschen schriftlich garantieren.

6. Baue auf Altem auf. Du hast schon eine gute Routine? Umso besser, vielleicht kannst du deine neue Angewohnheit dann in diese integrieren. Zum Beispiel so: Sobald morgens die Kinder aus dem Haus sind, drehst du eine Runde, machst sämtliche Betten und lüftest die Räume? Dann sammle bei dieser Gelegenheit auch die dreckigen Socken ein und wirf zum Abschluss die Waschmaschine an. Und immer, wenn du mit dem Staubsauger durch das Wohnzimmer tanzt, könntest du dabei neuerdings auch alle verirrten Dinge auf ihre Plätze zurücklegen.

SCHRITT FÜR SCHRITT WEG VON SCHLECHTEN GEWOHNHEITEN

Du legst die Schlüssel nie an ihren Platz oder hängst deine Jacke über die Stuhllehne statt an die Garderobe? Du bringst den Müll erst raus, wenn der Beutel überquillt, und vergisst, die leere Toilettenpapierrolle durch eine neue zu ersetzen? Alles keine Dramen, aber nicht hilfreich, wenn du dauerhaft ordentlich leben möchtest. Es ist nicht so leicht, sich blöde Gewohnheiten abzugewöhnen. Aber auch hier gilt: Mit Zeit, Geduld und ein wenig Disziplin schaffst du es. Die folgenden Schritte bilden eine gute Grundlage auf dem Weg:

1. Mach es dir bewusst. Oft ist man sich seiner eigenen schlechten Angewohnheiten nicht bewusst. Vieles macht man, ohne darüber nachzudenken. Ob man Nägel kaut oder andere ständig unterbricht: Erst wenn einen mehr oder weniger genervte Mitmenschen darauf ansprechen, wird es einem selbst klar. Deshalb ist der erste Schritt, die unschöne Gewohnheit überhaupt erst einmal zu erkennen und zu akzeptieren. Du stellst deine Hausschuhe immer so in den Weg, dass alle anderen darüber stolpern? Okay. Jetzt weißt du Bescheid und kannst es ändern.

2. Finde die Ursache. Nichts tut man ohne Grund. Die Naschereien am Schreibtisch? Sind vermutlich ein Zeichen von Stress oder eine Belohnung für den harten Job. Und die Hausschuhe mitten im Flur? Landen genau dort, wo du sie in Eile auf dem Weg nach draußen von den Füßen schleuderst. Der Grund für eine schlechte Angewohnheit kann ein spezieller Auslöser sein, wie etwa Langeweile, Zeitmangel oder Bequemlichkeit. Es kann aber auch eine bestimmte Routine dahinterstecken. Vielleicht ist diese schlechte Angewohnheit Teil eines vertrauten Ablaufs. Das dreckige Geschirr bleibt morgens immer neben dem Spülbecken stehen? Vielleicht flitzt du schnell ins Bad, sobald die Kinder aus dem Haus sind, und nimmst dir nicht die Zeit, Becher und Besteck in den Geschirrspüler zu räumen. Erst wenn du den Grund für die schlechte Angewohnheit identifiziert hast, kannst du den nächsten Schritt gehen.

3. Erkenne die Chancen und Nachteile. Dreh den Spieß um. Statt auf die alte Gewohnheit zu beharren, führe dir die Vorzüge einer neuen vor Augen. Nimmst du dir zwei Minuten, um das Geschirr gleich in die Spülmaschine einzuräumen, ist die Küche sauber, wenn du von der Arbeit nach Hause kommst. Stellst du die Hausschuhe in den Schuhschrank, wenn du deine Straßenschuhe anziehst, muss niemand stolpern und der Flur sieht viel aufgeräumter aus. Der Blick in die Zukunft hilft, die alte Angewohnheit in diesem Moment zu ändern. Gleichzeitig ist er auch eine Belohnung, die lockt. Aus dem Loslassen der alten Routine wachsen Chancen, Fortschritte und Verbesserungen. Die positiven Veränderungen sind eine tolle Motivation.

Genauso mag es dir helfen, die Nachteile deiner Angewohnheit schriftlich zu notieren, schließlich kann eine solche Liste ganz schön beeindruckend sein. Besonders, wenn du Chancen und Nachteile einander gegenüberstellst. Möchtest du deine Verwandlung schwarz auf weiß sehen, entwickelst du aus dieser Liste einen Plan, auf dem du konkrete Ziele notierst und deine Fortschritte festhältst.

4. Sei achtsam. Achtsamkeit ist momentan in aller Munde. Modewort hin oder her – achtsam zu sein hilft dir, alte Angewohnheiten abzulegen. Wenn du dich nämlich auf den Moment konzentrierst, auf das, was jetzt ist und was gerade passiert, ertappst du dich selbst bei den Handlungen, die du eigentlich ausbremsen wolltest. Bist du gerade dabei, den Becher neben die Spüle zu stellen? Ups! Öffne doch stattdessen die Klappe des Geschirrspülers und räume ihn hinein. Und die Teller und Messer gleich noch dazu. Wenn du achtsam bist und dich auf frischer Tat ertappst, kannst du deine Handlungen sofort ändern und dein Gehirn auf neue Wege programmieren.

5. Belohne dich. Du hast dich von einer alten Angewohnheit verabschiedet? Gut gemacht! Das verdient Applaus und muss belohnt werden. Du weißt am besten, wie viel Überwindung, Disziplin und Geduld dich dieser Schritt gekostet hat, deshalb entscheidest du selbst, was du dir Gutes tun möchtest. Das kann genauso die kuschelige Auszeit mit Kakao und Schmöker sein wie der Lieblingsfilm, ein Schaumbad oder ein üppiger Blumenstrauß. Wichtig ist nur, dass du wertschätzt, was du geleistet hast.

PRAKTISCHE METHODEN

Du weißt mittlerweile, wie du gute Gewohnheiten etablierst und schlechte aus deinem Alltag streichst. Machst du nun einige Regeln zu deinen täglichen guten Angewohnheiten, ist eine dauerhafte Ordnung kein Problem. Wie du mittlerweile verinnerlicht hast, führt kein Weg an einem **festen Platz** für alle Dinge herum. Schließlich hast du beim Aufräumen und Ordnen jedem Gegenstand bereits seinen dauerhaften Ort zugewiesen. Die Lupe liegt mal im Arbeitszimmer, mal in der Küchenschublade, mal neben der Fernsehzeitung? Nein, nie wieder. Wer sie in Zukunft braucht, findet sie in der linken Schreibtischschublade. Und damit auch alle Sachen ihren festen Platz beibehalten, sind die beiden folgenden Regeln elementar wichtig:

Ein Handgriff. Nur kurz legt man die Schlüssel auf den Küchentresen. Mal eben schnell landet die Jacke auf dem Stuhl. Für einen Moment stapeln sich die Zettel aus der Schule mit den Kassenbons und den Kontoauszügen auf dem Klavier. Bei der allernächsten Gelegenheit wird dann alles weggeräumt, versprochen. Falsch, ganz falsch. Was immer du gerade in der Hand hast oder benutzt, bringst du **gleich an seinen angestammten Platz**. Alles, was es dich kostet, ist ein Handgriff. Die Jacke wandert gleich nach dem Ausziehen an die Garderobe, die Schuhe in den Schuhschrank. Briefe werden in der Paper Station gesammelt, die Schlüssel liegen im Schränkchen neben der Haustür bereit. Die frisch zusammengelegte Wäsche verschwindet sofort in Schränken und Kommoden, Schere und Kleber werden nach der Bastelaktion gleich wieder in der Schreibtischschublade verstaut.

Diese Methode ist ungemein effektiv. Aufräumen wird so zum Kinderspiel, schließlich liegt so gut wie nichts mehr herum. Suchen hat sich erübrigt, denn jeder weiß genau, wo was zu finden ist. Und der lästigen

„Aufschieberitis" wird ein solider Riegel vorgeschoben. Mit einem Handgriff ist die Sache ruckzuck und auf der Stelle erledigt. Das spart Zeit. Auch das Putzen geht jetzt schneller von der Hand, weil man vorher nichts beiseite räumen muss. Und weil keine Gegenstände herumliegen, sieht es immer schön ordentlich aus – Besuch ist also jederzeit willkommen.

Eine Minute. Eine weitere Methode, die dir den Alltag erleichtert und dauerhaft Ordnung in deinem Zuhause etabliert, ist die Eine-Minute-Regel. So funktioniert sie: Jede Tätigkeit, für die du höchstens eine Minute brauchst, erledigst du sofort. Nicht für später vormerken, nicht vergessen, sondern **auf der Stelle machen**. Die leere Rolle Toilettenpapier durch eine volle ersetzen. Das Bett machen. Die dreckige Wäsche im Hauswirtschaftsraum in den Korb werfen. Den abgewaschenen Topf abtrocknen. Nach dem Händewaschen den Wasserhahn trockenwischen … Alles kleine Aktionen, die du in 60 Sekunden oder weniger abhaken kannst, die dir den Alltag aber ungemein erleichtern. Denn alles, was du mal eben nebenbei erledigst, taucht nicht mehr auf deiner To-do-Liste auf. Das spart dir Zeit und entspannt, schließlich sind das ein paar Jobs weniger, an die du denken musst – oder die du womöglich vergessen hättest. Dazu kommt das gute Gefühl, dass du deinen Alltag prima organisierst und umsetzt. Da bleibt dann doch gleich viel mehr Zeit für die schönen Dinge!

SINNVOLLE ROUTINEN

Routinen sind wie gute Angewohnheiten, nur ein wenig komplexer. Routinen sind Abläufe, die fast schon automatisiert funktionieren. Sie geben Halt und Struktur und machen den Alltag leichter. Baust du bestimmte Routinen in den täglichen Ablauf ein, funktioniert auch dein Ordnungssystem noch besser. Hier sind einige Beispiele:

Morgenroutine. Nach dem Frühstück verlassen Mann und Kinder das Haus auf dem Weg zu Schule und Arbeit. Der Mann nimmt gleich den Müll mit raus. Die Frau räumt noch schnell das Frühstücksgeschirr in die Spülmaschine, bevor sie sich fertig macht und selbst das Haus verlässt.

Haushaltsroutinen. Die Kinder wechseln sich damit ab, den Geschirrspüler auszuräumen und das Altglas zum Container zu bringen. Der Mann erledigt den großen Wocheneinkauf, während die Frau den Großteil des Hausputzes übernimmt.

Putzroutine. Samstags werden die Bäder geputzt, freitags wird überall Staub gewischt. Bevor die Frau morgens zur Arbeit geht, stellt sie den Geschirrspüler an, um ihn mittags auszuräumen, während sie kocht. Der Mann schwingt den Staubsauger, wenn er von der Arbeit kommt, während die Frau das Abendessen vorbereitet.

Kinderzimmerroutinen. Jeden Abend räumen die Kids ihre Spielsachen zurück in die Kisten und Regale. Dreckige Kleidung wandert bei der Gelegenheit in den Wäschekorb. Auch auf dem Schreibtisch wird Ordnung gemacht, bevor es dann ins Bett geht.

Manche Routinen funktionieren für einige Familien, bei anderen wiederum klappt eine andere Einteilung besser. Überlege, was für dich und deine Lieben am besten ist. Etabliere kleine und große Routinen, um die Aufgaben im Alltag selbstverständlich und ohne großen Aufwand zu erledigen.

Eine Routine jedoch solltest du unbedingt in dein Leben einbauen: **R.O.B.** (s. S. 22). Gewöhne dir an, deinen gründlich ausgemisteten, bestens sortierten und eingeräumten Hausstand regelmäßig zu durchforsten. Das

geht ganz nebenbei. Egal, ob du gerade Staub wischst oder aufräumst, ob du auf dem Weg von einem Raum in den nächsten bist oder gezielt etwas aus den Schubladen ziehst: Wenn du einen Gegenstand entdeckst, der nicht zum Einsatz kommt und den du nicht wirklich magst, sortiere ihn sofort aus.

Dazu kommen wiederkehrende, **gezielte Kontrollen**: Was ist kaputt oder nie im Einsatz? Welche Lebensmittel sind vielleicht nicht mehr haltbar und welche Kleidung ist den Kindern mittlerweile zu klein? Nimm dir einzelne Schränke oder ganze Zimmer in regelmäßigen Abständen vor. Das Kinderzimmer solltest du beispielsweise einmal im Monat unter die Lupe nehmen. Gibt es kaputte Spielsachen? Löchrige Socken? Hosen, die zu kurz geworden sind? Sortiere diese Dinge aus, repariere sie oder gib sie weg. Den Kühlschrank inspizierst du am besten wöchentlich. Bei dieser Gelegenheit kannst du ihn auch gleich auswischen und den Einkaufszettel um fehlende Lebensmittel ergänzen. Deinen Kleiderschrank wiederum musst du vielleicht nur alle drei Monate durchforsten, genauso wie den Hauswirtschaftsraum und sämtliche Küchenschränke. Mit dieser Routine kannst du sicherstellen, dass sich **kein überflüssiger Ballast** in den Schränken versteckt, und Platz machen für neue Anschaffungen. Diese solltest du übrigens nur ins Haus holen, wenn du wirklich vollständig von den Produkten überzeugt bist. Sonst droht nämlich die Gefahr, dass du deine neuen Schätze in wenigen Monaten auch schon wieder weitergibst, weil du sie doch nicht benutzt. Vielleicht helfen dir diese beiden Fragen, bevor du ein neues Teil in den Einkaufskorb legst: Brauche ich es unbedingt? Und liebe ich es wirklich oder mag ich es nur? Mögen reicht nicht.

HELP ME!

MANCHMAL BRAUCHT MAN UNTERSTÜTZUNG

Anleitungen, gut gemeinte Tipps und Ratgeber-Bücher hin oder her – manchmal steht man wie der Ochs vorm Berg und kommt einfach nicht in Gang. Vielleicht fühlt man sich von der Größe der Aufgabe erschlagen, vielleicht traut man sich die Sache nicht zu, vielleicht kann man sich einfach nicht überwinden. Und manchmal hat man auch überhaupt nicht die Zeit, die Sache anzugehen. Dann sollte man **Hilfe holen**. Das gilt natürlich auch, wenn man sein Zuhause auf den Kopf stellen und eine neue Ordnung einziehen lassen möchte.

EIN FREUND, EIN GUTER FREUND…

Weißt du nicht, wie du das Chaos überhaupt angreifen sollst? Fühlst du dich überfordert oder kannst du dich nicht entscheiden, wie du all deine Sachen unterbringen sollst? Fehlen dir Ideen oder hättest du einfach gern tatkräftige Unterstützung? Dann hole dir Hilfe. Manchmal reicht schon eine gute Freundin oder ein guter Freund an der Seite: Zu zweit ist der Job gleich viel leichter zu bewältigen. Die andere Person kann mit **emotionalem Abstand** an das Unterfangen herangehen, und gute Tipps und Ratschläge, aber auch ein weiteres Paar **zugreifende Hände** sind natürlich immer willkommen. Wenn ihr allerdings, statt alte Kisten auszumisten, in Fotoalben und Erinnerungen schwelgt, kommt ihr nicht sonderlich weit. Suche dir also jemanden, der gerne handfest mit anpackt und praktisch veranlagt ist.

HILFE VOM PROFI

Du hast niemanden in deinem privaten Umfeld, der oder die dich unterstützen könnte? Du bist privat und beruflich so eingebunden, dass du keine Zeit hast, selber Hand anzulegen? Dann hole dir professionelle Hilfe. Es gibt **Aufräumprofis** und **Ordnungscoaches**, die dir unter die Arme greifen und die Aufgabe mit dir gemeinsam wuppen. Genauso gut kannst du ihnen aber auch den Job komplett überlassen, um am Ende des Tages in ein aufgeräumtes und organisiertes Zuhause zurückzukehren.

SO HILFT *THE HOME HABIT*

The Home Habit heißt Isabellas Firma, bei der sich alles um Ordnung und ums Aufräumen dreht. Mit Teams in mehreren deutschen Städten sorgt sie für aufgeräumte Schränke und Schubladen, bringt Räume, Wohnungen und Häuser auf Vordermann

und entrümpelt Garagen und Dachböden. Die **Klientel ist ganz unterschiedlich**. Manche Kunden buchen Isabella regelmäßig, um Kleiderschrank und Küche in Ordnung zu halten. Andere wiederum brauchen ihre Unterstützung, um das Haus einmal kräftig zu entrümpeln und dann mit einem praktischen System durchzuorganisieren. Und in manchen Fällen begleiten die Ordnungsprofis einen Umzug: Sie misten vorab schon einmal aus, verpacken das ganze Hab und Gut und räumen in der neuen Wohnung alles wieder ordentlich ein. Dass Kunden von Anfang bis Ende mit anpacken, ist eher selten. Beim Ausmisten allerdings sollten sie dabei sein, um zu entscheiden, welche Dinge bleiben müssen und welche gehen dürfen.

Wie die Unterstützung von *The Home Habit* **in der Praxis** aussieht, vom Erstkontakt bis zu durchorganisierten Zuhause, erklärt Isabella hier:

„Meldest du dich bei mir, bekommst du einen Termin für ein **kostenloses Erstgespräch**. Der Einfachheit halber machen wir diesen Termin per Videochat. Du erzählst, wo deine ‚Problemzonen' sind, zeigst uns die Bereiche, die aufgeräumt und organisiert werden sollen, und auch den momentanen Zustand. Die Größe der Räume oder Schränke ist ebenfalls wichtig. Außerdem müssen wir wissen, ob du selbst mit Hand anlegen möchtest oder dir den Komplett-Service wünscht. Wenn wir uns über deine Wünsche und Bedürfnisse unterhalten und alle wichtigen Informationen bekommen haben, machen wir dir ein **Angebot.** Du kannst dann schauen, ob es in dein Budget passt. Sind wir uns einig, leistest du eine Anzahlung. Im nächsten Schritt kommen wir zu dir nach Hause und messen die Räumlichkeiten und die Möbel genau aus. Mit all diesen Informationen geht es dann an die Feinplanung. Wo verstauen wir was? Welche Behälter, Boxen und Organizer kommen zum Einsatz? Wie machen wir das neue Ordnungssystem richtig hübsch? Unser Konzept stellen wir dir vor – wieder aus der Ferne. Bist du mit unseren Plänen einverstanden, bestellen wir die passenden Produkte. Und dann kommen wir zu dir und legen los."

CHECKLISTEN

AUSMISTEN & AUFRÄUMEN KANNST DU ABHAKEN

In der Theorie weißt du nun, wie du dauerhaft Ordnung in dein Zuhause bringst. Dann leg doch einfach los. Diese Listen helfen dir bei der Planung und Durchführung. Freu dich darauf, nach und nach alle Punkte abhaken zu können. Punkt 1: Motivation. Check!

VORBEREITEN

☐ **Bereiche bestimmen**
Was ist heute dran? Möchtest du den Kleiderschrank neu sortieren oder die Garage auf Vordermann bringen?

☐ **Müllbeutel und leere Kartons besorgen**
Lege einige Beutel, Taschen und Kisten bereit für all die Dinge, die du aussortierst. Du brauchst Müllsäcke für das, was du entsorgst, und Kartons etc. für die Gegenstände, die du verschenken oder verkaufen möchtest.

☐ **Ausmessen**
Wie viel Platz ist überhaupt da? Wenn du Schränke, Regale und den ganzen Raum ausmisst, weißt du, wo du was unterbringen kannst und welche Maße Boxen und Co. haben müssen.

☐ **Möbel und Zubehör besorgen**
Brauchst du eine weitere Kleiderstange, zwei Regalböden und schmale Kleiderbügel? Am besten hast du alles parat, bevor du dich ans Ausmisten machst.

☐ **Behältnisse bereithalten**
Hast du dir überlegt, wie du dein Hab und Gut in Zukunft unterbringen willst? Möchtest du deine Lebensmittel in Gläser oder in Kunststoffbehälter umfüllen? Brauchst du Körbe aus Stoff oder Metall für den Kleiderschrank? Und wohin mit den Kuscheltieren? Schau, was du schon hast und was du noch besorgen musst.

AUSMISTEN

☐ **Alles zusammentragen**
Egal, ob du deine Bücher oder deine Schuhe ordnest: Durchforste dein gesamtes Zuhause nach sämtlichen Exemplaren. Stapele sie auf einem Haufen in der Mitte des Zimmers.

☐ **Sortieren**
Jetzt verteilst du den Haufen auf verschiedene Stapel. Sortiere deinen Besitz nach Kategorien, fülle parallel aber auch den Müllsack und die Kartons mit allem, was entsorgt, verschenkt und verkauft werden soll.

☐ **Altes wegbringen**
Damit die ausrangierten Dinge nicht ewig im Weg stehen, bringst du sie am besten gleich weg – zum Beispiel in den Secondhandladen oder zum Wertstoffhof. Möchtest du Dinge über das Internet verkaufen, stellst du die Anzeigen jetzt online. Willst du Sperrmüll bestellen, musst du mit ein wenig Vorlauf rechnen.

☐ **Saubermachen**
Wenn alle Ecken und Nischen, sämtliche Schränke und Regale leer sind, nutzt du am besten die Chance, alles einmal gründlich zu putzen.

EINRÄUMEN

☐ **Möbel ergänzen**
Ist noch Platz für eine weitere Kleiderstange oder einen zusätzlichen Regalboden? Fehlt ein Rollcontainer im Arbeitszimmer? Diese Dinge solltest du spätestens jetzt ein- und aufbauen.

☐ **Kleidung falten**
Um Platz zu sparen, kannst du deine Kleidung vertikal falten. Auf S. 42 erfährst du, wie diese Technik funktioniert. Anschließend verstaust du die Kleidung in Schubladen, Boxen und Körben.

☐ **Kleiderbügel austauschen**
Schmale Metallbügel mit einem Überzug aus Samt sind platzsparend. Die alten Exemplare kannst du verschenken.

☐ **Lebensmittel dekantieren**
Trockene Lebensmittel wie Reis, Mehl und Müsli, Nüsse, Gewürze und Hülsenfrüchte füllst du in Behälter um. Damit du später noch weißt, was wo drin ist, beschriftest du sie provisorisch.

☐ **Nach Kategorien einsortieren**
Gleich und gleich gesellt sich gern: Räume die Dinge nach Kategorien sortiert in die Schränke, Kommoden und Regale. Das, was du nicht oft benutzt, landet ganz oben oder ganz unten.

☐ **Etikettieren**
Hast du alles verstaut, werden die Boxen, Gläser und Container beschriftet. Du kannst das per Hand machen, aber auch einen Plotter oder ein Labelgerät nutzen.

☐ **Auf die Schulter klopfen**
Du hast einen tollen Job gemacht, herzlichen Glückwunsch! Jetzt wird es höchste Zeit für eine kleine Belohnung.

ISABELLAS ABC

Von A wie Apothekerschrank bis Z wie Zufriedenheit: Im Folgenden sind die wichtigsten Schlagworte zu Isabellas Prinzip des Decorganizing® versammelt und in Kürze erläutert. Außerdem stellt die Ordnungsqueen ihre geniale *Akademie der Ordnung* vor.

ISABELLAS ABC

DECORGANIZING® AUF DEN PUNKT GEBRACHT

A wie Ablage
Der Papierkram, der den Schreibtisch blockiert, muss sinnvoll sortiert werden. Das funktioniert sehr gut mit einer Ablage. Eine Möglichkeit: In einem Fach landen Rechnungen, Briefe etc., die noch zu bearbeiten sind. Sind sie bezahlt oder beantwortet, wandern sie in das andere Fach. Von hier aus werden sie dann in Ordner abgeheftet oder entsorgt.

A wie Apothekerschrank
Dieser praktische Auszug in der Küche hat so seine Tücken: Räumt man auf der einen Seite etwas ein, schubst man manchmal unabsichtlich auf der anderen Seite etwas hinaus. Der Trick ist, alle trockenen Lebensmittel zu → *dekantieren*, also in hohe, schmale Behälter umzufüllen. Diese brauchen nicht viel Stellfläche, nutzen aber die Höhe optimal aus. So kann man alles gut erreichen und nichts fällt heraus.

A wie Arbeitsplatte
Eine aufgeräumte Arbeitsplatte in der Küche sieht nicht nur ordentlich aus, es lässt sich darauf auch wesentlich besser schälen und schnibbeln, rühren und kneten. Alles, was nicht täglich benutzt wird, sollte deshalb in den Schränken verschwinden.

B wie Backstock
Backstock ist ein anderes Wort für Lebensmittelvorrat. Bleibt nach dem → *Dekantieren* noch ein Rest Mehl, Müsli oder Reis in der Originalverpackung, lagert man diesen in einem gesonderten Fach. So hat man einen Vorrat für Notfälle.

C wie Capsule Wardrobe
Minimalismus im Kleiderschrank: Die Garderobe besteht aus wenigen, zeitlosen Stücken, die sich problemlos miteinander kombinieren lassen. Mit den Jahreszeiten wechseln auch die Kleidungsstücke.

D wie Decorganizing®
Warum darf Praktisches nicht auch hübsch aussehen? Um der Ordnung einen schicken Touch zu verpassen, hat Isabella den Begriff des Decorganizing® geprägt: die Verschmelzung von Dekorieren und Organisieren.

D wie Dekantieren
Trockene Lebensmittel aus Tüten und Packungen füllt man am besten in feste Behälter aus Kunststoff oder → *Glas* um. Das sieht nicht nur schick aus, so kann auch nichts herausrieseln und krümeln. Im Schrank ist alles übersichtlich und die Lebensmittel bleiben länger frisch.

D wie Drehteller
Um Lebensmittel im Schrank griffbereit zu haben, gibt es kaum praktischere Ordnungshelfer als Drehteller. Um alle Gläser und Dosen, Flaschen oder Gewürze zu erreichen, lässt man einfach die Scheibe rotieren. Auf dem Küchentresen lassen sich so beispielsweise Frühstückscerealien arrangieren.

E wie Eins rein, eins raus
Diese Regel sorgt dafür, dass sich nicht wieder zu viele Dinge ansammeln. Ein neues Buch, ein neues Kleidungsstück landet im Einkaufswagen? Dann muss ein altes Teil dafür gehen.

E wie Einsortieren
Innerhalb ihrer Kategorien werden die Dinge am besten noch einmal sortiert. Zum Beispiel nach Farbe oder Größe, nach Alphabet oder → *Nutzungsfrequenz*.

F wie fester Platz
Ein fester Platz für jeden Gegenstand ist die Basis einer dauerhaften Ordnung. Ob Schere oder Spielzeug, jedes Familienmitglied weiß, wo die Sachen zu finden sind, und legt sie nach jeder Benutzung dorthin zurück.

G wie Glas
In der Küche sind Behälter aus Glas perfekte Ordnungshelfer. Sie sind nachhaltig und hygienisch, nehmen weder Geschmack noch Geruch an und zeigen bereitwillig, was sich in ihrem Inneren verbirgt.

H wie Halbjahres-Kiste
Wer sich beim Ausmisten nicht entscheiden kann, ob etwas geht oder bleibt, legt den Gegenstand erst einmal in eine Kiste und stellt diese weit weg. Ist die Box nach sechs Monaten noch unangetastet, darf der Inhalt gehen.

H wie Hotspots
Hotspots sind Orte, an denen sich nach und nach Dinge ansammeln. Zuerst liegt vielleicht die Post auf dem Küchentisch, dann gesellen sich Kinderzeichnungen und die Lesebrille dazu, und am Ende entsteht Chaos. Ein No-Go in einem ordentlichen Zuhause.

I wie innerer Schweinehund
Wenn der innere Schweinehund das Ausmisten sabotiert, sollte man sich seinen Ängsten und Befürchtungen stellen und mit kleinen Übungen das sanfte Aussortieren proben. In sehr hartnäckigen Fällen ist professionelle Hilfe gefragt.

J wie Junk Drawer
Junk Drawer steht für Krimskrams-Schublade. Eine solche findet sich in jeder Küche – bis zum großen Aufräumen. Sind alle Dinge kategorisiert, in Schubladenorganizer → *einsortiert* und nach der Benutzung sofort wieder an ihrem Platz, gehören Junk Drawer der Vergangenheit an.

K wie Kleiderbügel
Ob Bluse oder Jacke, T-Shirts oder Hosen, im Schrank hängt so einiges. Das spart das Zusammenlegen, und faltenfrei bleibt die Kleidung außerdem. Schmale Metallbügel sind wesentlich platzsparender als klobige Exemplare aus Holz. Ein Samtbezug verhindert, dass der Stoff rutscht.

L wie Label
Label oder Etiketten sind ein Muss für ein gutes Ordnungssystem. Sie verraten, was sich in Boxen, Ordnern oder Dosen versteckt, und dienen dabei auch noch als Deko-Element.

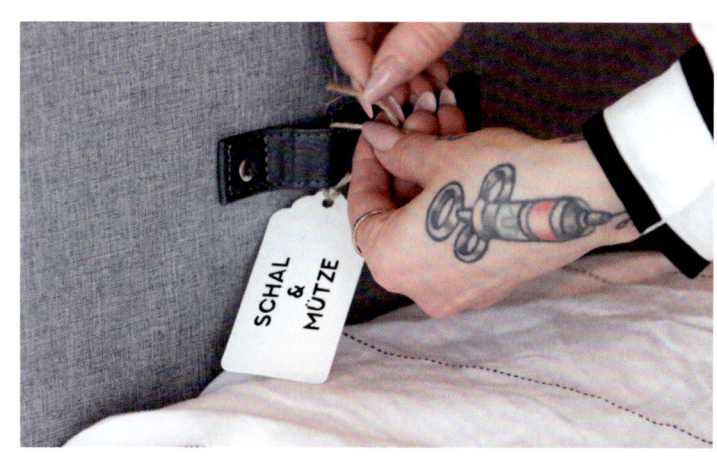

L wie Lochplatten
Lochplatten aus Metall oder Holz sind Platten, die an die Wand geschraubt und in die Haken, Behälter und Brettchen eingehängt werden. So lassen sich kleine, ganz auf die jeweiligen Bedürfnisse zugeschnittene Ordnungssysteme zusammenstellen.

M wie Materialien
Glas oder Kunststoff, Pappe, Holz oder Stoff, Metall oder Naturfasern: Ordnungshelfer gibt es in den unterschiedlichsten Materialien. Welches das passende ist, hängt vom Einsatz ab. Für lose Lebensmittel eignen sich Glas oder Kunststoff sehr gut. Und Weidenkörbe sind keine gute Wahl für weiche Stoffe, hier empfehlen sich eher Behälter aus Holz oder Stoff. Obendrein spielt natürlich auch die Optik eine Rolle.

N wie nachhaltiger Konsum
Wer Ordnung in seine Besitztümer gebracht hat, kauft bedachter und damit nachhaltiger ein. Weil man genau weiß, was in den Schränken vorhanden ist, landet nichts doppelt in der Einkaufstasche. Und wenn man die Regel → „Eins rein, eins raus" beherzigt, überlegt man sich gründlich, ob man wirklich ein neues Teil braucht.

N wie Nutzungsfrequenz
Manche Dinge braucht man mehrmals täglich, andere nur ein- oder zweimal im Jahr. Je nach Häufigkeit der Nutzung werden die Gegenstände eingeräumt: Die selten benutzten landen in Schränken und Regalen ganz oben oder hinten. Die, die ständig im Einsatz sind, lagern in Griffweite.

O wie Organizer
Organizer sind Einsätze für Schubladen und Kisten, die diese in viele kleine Fächer unterteilen. So lassen sich beispielsweise Socken, Schmuck und Stifte schön ordentlich verstauen.

P wie Paper Station
Damit die Briefe, die täglich ankommen, nicht irgendwo herumfliegen und womöglich in Vergessenheit geraten, stellt man in der Nähe des Eingangs eine Schale oder eine schöne Box auf: die Paper Station. Hier landet die Post, aber auch Briefe aus der Schule und so weiter. Mindestens einmal die Woche wird alles, was sich hier angesammelt hat, bearbeitet und abgeheftet.

R wie R.O.B.
R.O.B. steht für Reduzieren, Optimieren und Beibehalten. Ohne diese drei Säulen bricht das ganze Ordnungssystem zusammen. Wer sich an diesem Prinzip orientiert, reduziert seinen Besitz, optimiert seinen Stauraum und sorgt für das Beibehalten der neuen Ordnung. So einfach ist es.

R wie Routine
Eine Routine ist ein wenig wie ein Ritual – eine kleine Abfolge von praktischen Handgriffen, die man in bestimmten Momenten erledigt. Nach dem Händewaschen schnell das Waschbecken und den Wasserhahn trockenwischen, auf dem Weg zum Einkaufen den Müllbeutel und das Altpapier mit

nach draußen nehmen, nach dem Essen das Geschirr umgehend in den Geschirrspüler räumen: lauter Routinen, die den Alltag und die Ordnung erleichtern.

S wie Schubladentrenner

Für den Einen ein einfaches Brett, für den Anderen ein äußerst sinnvoller Ordnungshelfer: ein Schubladentrenner. Längs zwischen die Wände einer Schublade geklemmt, unterteilt es breite Schubladen in kleinere Fächer. Das ist zum Beispiel beim Aufbewahren von Hosen, T-Shirts oder Pullis sehr praktisch.

S wie Spannstangen

Die praktischen Spannstangen sorgen für Ordnung in jeder Schublade. Sie unterteilen sie so, dass Gegenstände aufgereiht stehen, eignen sich aber auch, um Rollen und Knäuel aufzufädeln.

T wie Toy Rotation

Gerade kleinere Kinder sind von der Menge ihrer Spielsachen überfordert. Toy Rotation bedeutet, dass ein Teil der Dinge vorübergehend weggelegt wird. Nach einer Zeit tauscht man dann durch. So sind die Spielsachen wieder neu und spannend. Und mit weniger Kram lässt sich im Kinderzimmer auch besser Ordnung halten.

U wie Utensilien

Für die große Ordnungsaktion braucht man verschiedene Utensilien: Zollstock oder Maßband zeigen den Platz an. Ordnungshelfer, wie Boxen, Körbe, Utensilos oder Stehsammler, nehmen das Hab und Gut auf. In Müllsäcke und Kartons wandern die aussortierten Dinge. Und mit einem Etikettiergerät oder einem Stift wird die passende Beschriftung angebracht.

V wie vertikales Falten

Der Trick, wenn es um platzsparende Aufbewahrung von Textilien geht: vertikales Falten. Hosen und Pullis, Socken und Unterwäsche, Handtücher und Spüllappen, sie alle werden zu kleinen Päckchen gefaltet, die von selbst stehen können und senkrecht aufbewahrt werden.

1. Um eine Hose vertikal zu falten, legst du beide Beine glatt aufeinander.
2. Den Po klappst du ein wenig ein, sodass ein sehr langes, schmales Rechteck vor dir liegt.
3. Das Rechteck klappst du einmal in der Mitte zusammen.
4. Dieses kürzere Rechteck kannst du nun halbieren oder dritteln, je nachdem, wie lang die Hose ist.
5. Am Ende bildet das Kleidungsstück ein kompaktes Paket, das du mit der Öffnung nach unten senkrecht in eine Schublade oder eine Kiste stellen kannst.

W wie Wandfläche nutzen

Fehlt der Stauraum in der Horizontalen, schafft man ihn in der Vertikalen. Hängeregale, Lochplatten oder Magnetleisten beispielsweise eignen sich optimal, um die Wandfläche zur Aufbewahrung zu nutzen.

Z wie Zufriedenheit

Ein ordentliches Zuhause macht glücklich, Unordnung dagegen verursacht Stress. Für einen aufgeräumten, zufriedenen Geist lohnt es sich, in der Wohnung Ordnung zu schaffen – und zu halten.

ISABELLAS AKADEMIE DER ORDNUNG

AUFRÄUMEN & ORDNUNG HALTEN FÜR PROFIS

Die *Akademie der Ordnung* ist die erste Schule Deutschlands, die sich komplett mit dem Thema „Organizing" beschäftigt. Gegründet von Isabella Franke von *The Home Habit*, wurde sie im September 2020 erfolgreich eröffnet und liefert seither tiefgründiges Wissen und praxisnahe Beispiele für private und berufliche Interessenten.

Durch das **flexible Onlinekonzept** können Studenten jederzeit von überall aus die *Akademie der Ordnung* besuchen. Egal, ob in Vollzeit, Teilzeit oder nebenher – man kann selbst bestimmen, wie schnell man voranschreiten möchte und wie viel Zeit man der Akademie widmet. Es gibt keine festen Starttermine und keine vorgeschriebene Dauer. Somit gehört die *Akademie der Ordnung* aktuell zu den flexibelsten Bildungsangeboten auf dem Markt.

Gestartet ist die Akademie mit der **Ausbildung zum zertifizierten Ordnungscoach**, in welcher Studenten bestmöglich auf eine aussichtsreiche und erfüllende Karriere als Ordnungscoach vorbereitet werden. In der Ausbildung wird nicht nur erklärt, wie man sein eigenes Zuhause richtig organisiert, sondern auch, wie man mit diesem Job Geld verdienen kann. Mit ausführlichen Anleitungen und Beispielen sowie Checklisten und Vorlagen bekommt man alles an die Hand, um die eigene Karriere zu starten und schon bald die ersten Aufträge an Land zu ziehen. Von Akquise über Steuern bis hin zu Verträgen – am Ende der Ausbildung hat man das komplette Wissen aus allen Bereichen eines Unternehmers und eines Ordnungscoach abgedeckt.

Die *Akademie der Ordnung* ist die erste Anlaufstelle im deutschsprachigen Raum, die eine solch umfassende Wissensbasis anbietet und zudem nicht nur auf Theorien basiert, sondern vielmehr auf der 10-jährigen, **internationalen und praktischen Erfahrung** von Isabella Franke.

Ein besonderes Highlight ist das **Study Retreat** für angehende Ordnungscoaches. Hier verbringen die Auszubildenden gemeinsam mit Isabella 6 Tage in einer exklusiven Villa mit Privatköchin und erhalten einen Intensivkurs. Mit Workshops, lebhaften Vorträgen, Hands-on-Übungen, Brainstorming-Sessions und direktem Feedback feilen die Teilnehmer an ihrer Karriere und erlernen alles, was wichtig ist für den erfolgreichen Start in diesen Beruf.

Aber auch private Interessenten profitieren von Isabellas Know-how. In **kompakten Kursen** wie „Endlich Ordnung im Kleiderschrank" oder „Lebensmittel richtig lagern" erlernen die Studenten die Basics, die für die jeweilige Problemzone relevant sind, und können danach das Chaos in ihrem Zuhause eigenständig anpacken und langfristig Ordnung hineinbringen. Zusätzlich profitieren die Studenten von zahlreichen Vorlagen, Checklisten, Schritt-für-Schritt-Anleitungen und vielen Bildern.

Mit der *Akademie der Ordnung* hat sich Isabella einen großen Wunsch erfüllt, an dem sie stetig weiterarbeitet und den sie immer weiter verfeinert – es ist ihr eine Herzensangelegenheit, so vielen Menschen wie möglich den **positiven Einfluss von Ordnung im Leben** zu zeigen. Zudem möchte sie Menschen, die Ordnung zu ihrem Beruf machen möchten, den Zugang zu einer selbstbestimmten und sicheren beruflichen Zukunft bieten. Hierbei richtet sie sich vermehrt an Frauen, die oft einen „normalen" Beruf mit ihrer Familie nicht vereinbaren können und als Ordnungscoach ihr eigener Chef werden und sich selbst verwirklichen können. Auch außerhalb der Akademie vernetzen sich die Studenten in Chatgruppen und einer privaten Facebook-Gruppe und unterstützen sich gegenseitig. Statt Ellbogendenken zählt der Gemeinschaftsgedanke.

Mehr Infos unter **www.akademieder ordnung.de**.

MAKING OF

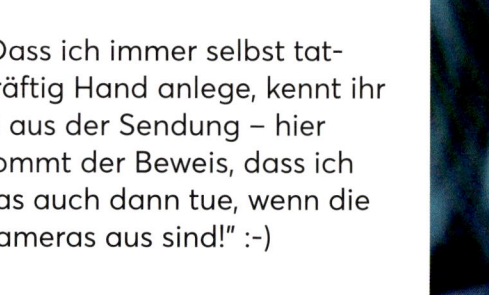

„Dass ich immer selbst tatkräftig Hand anlege, kennt ihr ja aus der Sendung – hier kommt der Beweis, dass ich das auch dann tue, wenn die Kameras aus sind!" :-)

160 | MAKING OF

MAKING OF | 161

162 | MAKING OF

„Mein wunderbares Produktionsteam, vom Producer über den Toningenieur bis hin zur Maskenbildnerin, und meine Ladys von *The Home Habit* schuften an den Drehtagen von morgens bis abends an den jeweiligen Sets. Pausen und Streicheleinheiten für vierbeinige Protagonisten müssen aber natürlich auch sein."

MAKING OF | 163

„Am liebsten lächle und lache ich – so bringt dieser tolle Job, den ich hier machen darf, gleich noch mehr Spaß!"

MAKING OF | 165

Buchempfehlungen für Dich

Noch mehr Kreativ-Bücher zum gleichen Thema gesucht?

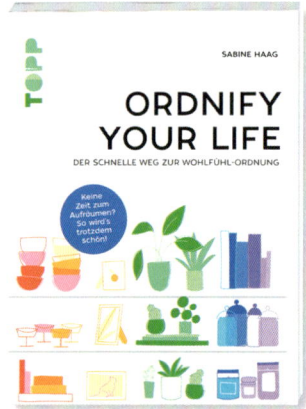

ISBN 978-3-7724-4652-8

ISBN 978-3-7724-6891-9

ISBN 978-3-7724-7166-7

ISBN 978-3-7724-4657-3

ISBN 978-3-7724-7293-0

ISBN 978-3-7724-7291-6

ISBN 978-3-7724-4576-7

ISBN 978-3-7724-7290-9

ISBN 978-3-7724-4524-8

Viele weitere Kreativ-Bücher findest du auf www.TOPP-kreativ.de

ISBN 978-3-7724-4581-1

ISBN 978-3-7724-4631-3

ISBN 978-3-7724-4577-4

ISBN 978-3-7724-4579-8

ISBN 978-3-7724-7186-5

ISBN 978-3-7724-4833-1

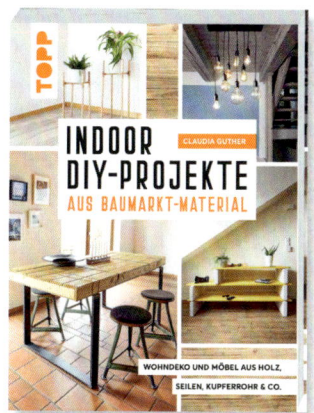
ISBN 978-3-7724-7169-8

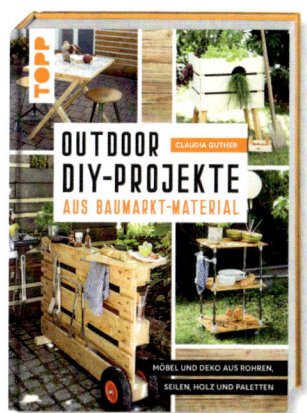
ISBN 978-3-7724-4520-0

ISBN 978-3-7724-7622-8

#TOPPprojekt

Die eigene Kreativität zeigen: TOPPprojekt mit anderen Kreativen teilen und Teil der Gemeinschaft werden.

DIY-begeistert und auf Instagram? Dann unbedingt mitmachen! Hier gibt's Tipps und Feedback zu den eigenen Projekten. Außerdem verlosen wir jeden Monat ein Überraschungspaket. Um am Gewinnspiel teilzunehmen, einfach ein Bild vom Kreativ-Projekt aus unseren Büchern mit #TOPPprojekt posten und unserem Account @frechverlag folgen. Mehr Infos auf TOPP-kreativ.de/TOPPprojekt

Website
Auf TOPP-kreativ.de kannst du ein riesiges Angebot von über 1.000 Kreativbüchern, Sets & mehr entdecken.

Newsletter
Gleich anmelden unter: TOPP-kreativ.de/newsletter und immer als Erstes von unseren Neuheiten und Sonderaktionen erfahren.

Instagram
@frechverlag

DigiBib
Hier findest du zusätzlich zu vielen unserer Bücher digitale Extras, wie Video-Tutorials, Plotter-Dateien, Vorlagen, Übungsblätter & vieles mehr. Einfach im Impressum deines TOPP-Buchs den Freischalte-Code nachschlagen und exklusive Inhalte freischalten. TOPP-kreativ.de/digibib

Pinterest
pinterest.com/frechverlag

Facebook
facebook.com/frechverlag

Youtube
youtube.com/frechverlag

Wer wir sind, wie wir arbeiten, was wir lieben ...

Auf Instagram, Facebook und Pinterest findest du mehr über uns und unsere Arbeit und wirst immer schnell und einfach mit den neuesten Infos versorgt.

Alle News, alle Infos und alle Links findest du auf www.TOPP-kreativ.de

IMPRESSUM

2022 Seven.One Entertainment Group GmbH, Lizenz durch Seven.One Licensing www.sevenonelicensing.de

FOTOS: Dachverband FairWertung e.V. (S. 30, Logo u. M.); Nicolas Hunecke (S. 8 o., 12, 158–167); Marc Rehbeck (S. 9 o., 11, 13, 15, 147 r., 149, 157); Michael Ruder (S. 131, 133, 135); Shutterstock (S. 16/17 – New Africa, 18 – Ondacaracola, 19 o. – Regina Foster, 19 u. – Photographee.eu, 20 – David Prahl, 21 – FabrikaSimf, 24 – Humpuugie, 28 – AnikonaAnn, 29 – Matej Kastelic, 30 o. – Selma ARSLAN, 31 – Animaflora PicsStock, 32 – Kittyfly, 33 – Nor Gal, 35 l. – littlenySTOCK, 35 r. – Africa Studio, 36 + 38/39 + 41 – Kostikova Natalia, 40 – tartanparty, 43 l. – Maryia11, 44 l. – Jelena990, 46 u. – Vershinin89, 48/49 – Kostikova Natalia, 51 l.o. – wavebreakmedia, 52 l. – AngelesAntolin, 65 l. – gostua, 66/67 – EasterBunny, 70/71 – Steve Cukrov, 74 – Joe Besure, 76/77 – bxT l, 82/83 – Photomery, 88/89 + 93 u. – Klem Mitch, 90 – ezhenaphoto, 98/99 – jannoon028, 100 – marako85, 101 – Africa Studio, 103 – Billion Photos, 104/105 – Sunmax, 116/117 – OndroM, 118 – RG-vc, 119 u. – Andrew Angelov, 120 – Poznyakov, 121 o. – goodmoments, 121 u. – Antonio Guillem, 122/123 – Photographee.eu, 138 – Pixel-Shot, 139 l. – MagicBones, 139 r. – nutcd32, 141 – Johnstocker Production, 142 o. – Gary Perkin, 142 u. – Pixel-Shot, 143 – TORWAISTUDIO, 144 – New Africa, 145 – ezhenaphoto); alle übrigen Bilder: Screenshots aus „Organize 'n Style, Staffel 1", erstellt von frechverlag GmbH
MODELLENTWICKLUNG: Isabella Franke (S. 130); Sabine Haag (S. 131, 132, 134)
TEXTE: Isabella Franke (S. 156–164); Frederike Treu (alle übrigen)
PRODUKTMANAGEMENT, LEKTORAT, KORREKTORAT: Stephanie Iber
COVERGESTALTUNG: Eva Hook unter Verwendung eines Fotos von Marc Rehbeck
LAYOUTENTWURF UND SATZ: Lara Nelles (schere.style.papier), München
HERSTELLUNG: Konstanze Laue
DRUCK UND BINDUNG: Neografia, Slowakei

Die in diesem Buch veröffentlichten Informationen und Ratschläge wurden von der Autorin und den Mitarbeitern des Verlags sorgfältig geprüft. Eine Garantie wird jedoch nicht übernommen. Autorin und Verlag können für eventuell auftretende Fehler und Schäden nicht haftbar gemacht werden. Das Werk und die darin gezeigten Informationen und Ratschläge sind urheberrechtlich geschützt. Die Vervielfältigung und Verbreitung ist, außer für private, nicht kommerzielle Zwecke, untersagt und wird zivil- und strafrechtlich verfolgt. Dies gilt insbesondere für die Verbreitung des Werkes durch Fotokopien, Film, Funk und Fernsehen, elektronische Medien und Internet sowie für die gewerbliche Nutzung der gezeigten Modelle. Bei Verwendung im Unterricht und in Kursen ist auf dieses Buch hinzuweisen.

1. Auflage 2022
© 2022 frechverlag GmbH, Turbinenstraße 7, 70499 Stuttgart
ISBN 978-3-7724-4485-2 Best.-Nr. 4485